●●●○○ 大清通信 100 %

相亲相爱的一家人（16）

胥渡吧
XUDUBA

历史太好玩了！

古代帝王群聊

清朝篇

胥渡 / 著

哈尔滨出版社
HARBIN PUBLISHING HOUSE

登场皇帝图鉴

太祖
努尔哈赤

年号天命　后金第一位大汗
创立八旗制度

太宗
皇太极

年号天聪、崇德
清朝开国皇帝　松锦大战

世祖
福临

年号顺治　清军入关后的
第一位皇帝　迁都北京

圣祖
玄烨（yè）

年号康熙　平三藩
征准噶尔　驱逐沙俄

世宗
胤（yìn）禛（zhēn）

年号雍正　九子夺嫡
勤政　建立秘密立储制度

高宗
弘历

年号乾隆　“十全武功”
爱写诗、给藏品盖章　长寿

仁宗
颙（yóng）琰（yǎn）

年号嘉庆　抄了和珅的家
镇压白莲教起义

宣宗
旻（mín）宁

年号道光　派林则徐禁烟
第一次鸦片战争　《南京条约》

文宗

奕詝（zhǔ）

年号咸丰　镇压太平天国
第二次鸦片战争
英法联军焚劫圆明园

穆宗

载淳

年号同治　慈禧太后的亲儿子
兴办洋务运动　短命

德宗

载湉（tián）

年号光绪　载淳的堂弟
甲午战争　戊戌变法

溥（pǔ）仪

年号宣统　清朝末代皇帝
1912年被迫退位
伪满洲国的傀儡皇帝

清朝皇帝世系图

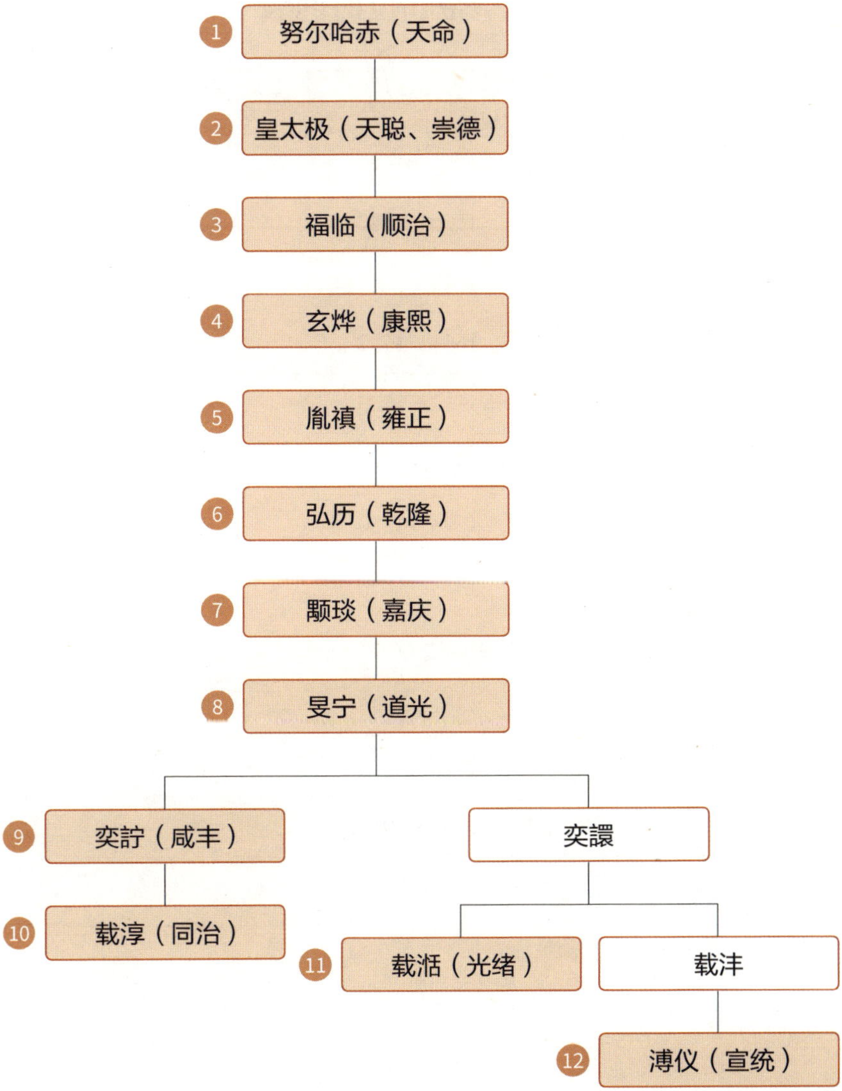
1
努尔哈赤（天命）
2
皇太极（天聪、崇德）
3
福临（顺治）
4
玄烨（康熙）
5
胤禛（雍正）
6
弘历（乾隆）
7
颙琰（嘉庆）
8
旻宁（道光）
9
奕詝（咸丰）
奕譞
10
载淳（同治）
11
载湉（光绪）
载沣
12
溥仪（宣统）

清朝皇帝在位时间表

名字	在位时间	在位时长（年）
努尔哈赤	1616—1626	11
皇太极	1626—1643	17
福临	1643—1661	18
玄烨	1661—1722	61
胤禛	1722—1735	13
弘历	1735—1795	60
颙琰	1796—1820	25
旻宁	1820—1850	30
奕詝	1850—1861	11
载淳	1861—1875	13
载湉	1875—1908	34
溥仪	1908—1912	3

清朝皇帝寿命表

名字	生卒年	寿命（岁）
努尔哈赤	1559—1626	68
皇太极	1592—1643	52
福临	1638—1661	24
玄烨	1654—1722	69
胤禛	1678—1735	58
弘历	1711—1799	89
颙琰	1760—1820	61
旻宁	1782-1850	69
奕詝	1831—1861	31
载淳	1856—1875	19
载湉	1871—1908	38
溥仪	1906—1967	62

目 录

前方高能
请勿喝水

壹

打假现场：

原来秘史里的绝美爱情都是骗人的！

●●●○○ 大清通信
100%
相亲相爱的一家人（8）
“天命·努尔哈赤”修改群名为“相亲相爱的一家人”
乾隆·弘历
爷爷好！@康熙·玄烨
康熙·玄烨
孙儿好。
崇德·皇太极
乾隆·弘历
Oh！想必这位就是改“女真”为“满洲”、建立大清的太宗爷爷皇太极吧？
乾隆·弘历
久仰久仰！
崇德·皇太极

敲黑板

皇太极是努尔哈赤的第八子。努尔哈赤过世后，皇太极继承了汗位，成为后金的第二个大汗，年号“天聪”。

天聪九年（1635年），皇太极将族名从“女真”改为“满洲”。第二年定国号为“大清”，同时将年号改成“崇德”，清朝正式建立。

我国建号满洲，统绪绵远，相传奕世，自今以后，一切人等，止称我国满洲原名，不得仍前妄称。

——《清实录》

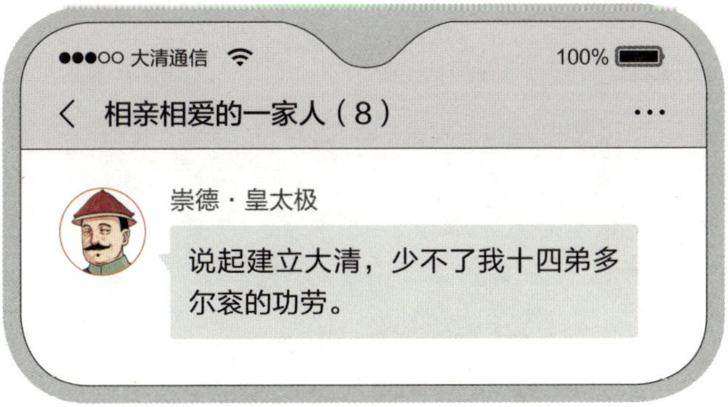

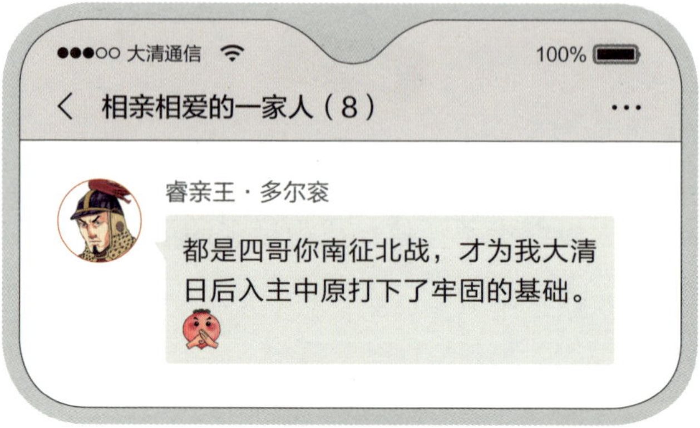

敲黑板

多尔衮是努尔哈赤的第十四子，他在清朝建立的过程中立下了赫赫功劳。由于战功卓著，多尔衮在崇德元年（1636年）被皇太极封为和硕睿亲王。

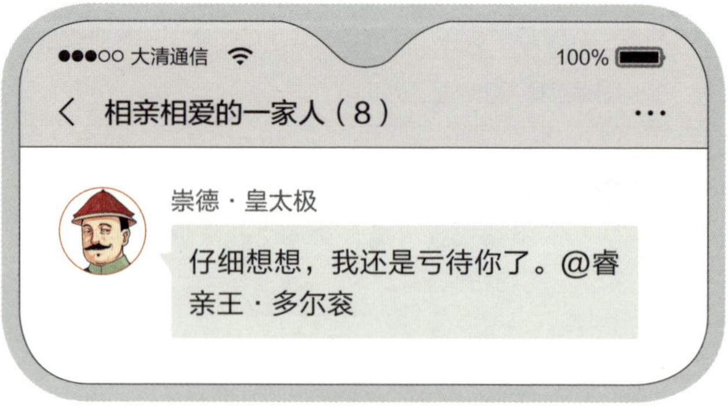

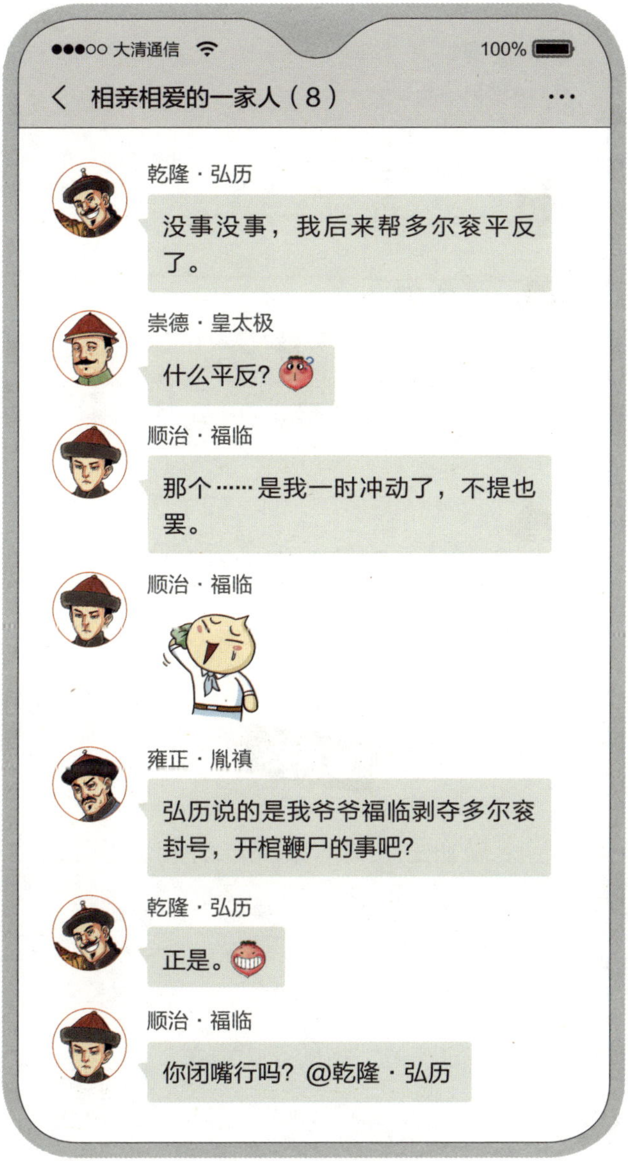
●●●○○ 大清通信
100%
相亲相爱的一家人（8）
乾隆 · 弘历
没事没事，我后来帮多尔衮平反了。
崇德 · 皇太极
什么平反？
顺治 · 福临
那个……是我一时冲动了，不提也罢。
顺治 · 福临
雍正 · 胤禛
弘历说的是我爷爷福临剥夺多尔衮封号，开棺鞭尸的事吧？
乾隆 · 弘历
正是。
顺治 · 福临
你闭嘴行吗？@乾隆 · 弘历

敲黑板

顺治帝福临是清朝的第三位皇帝，同时也是清军入关后的第一位皇帝，以及第一个住进故宫的清朝皇帝。

清军入关的“关”指的是山海关。

明崇祯十七年（1644年），李自成的大顺军攻陷北京，崇祯皇帝朱由检在煤山自缢而死。明朝将领、山海关守将吴三桂向多尔衮请降，联合清军在山海关大战中击溃了李自成。之后随着战线的推进，清军正式入关。占领北京后，清军一路南下，在多个城市制造了屠杀，如“扬州十日”“嘉定三屠”等。此外，清政府还强制推行“剃发易服”，引起了百姓的激烈反抗。

🔈 顺治元年（1644年），在多尔衮等人的主导下，顺治帝福临自盛京（清朝最初的首都，即今天的沈阳市）迁都北京，在北京又登基了一次。此时的福临还很年幼，国政由叔父多尔衮代理。

🔈 顺治帝迁都后，封多尔衮为“叔父摄政王”；顺治五年（1648年），多尔衮的称号变为“皇父摄政王”。

九月，上入山海关，王率诸王群臣迎於通州。上至京师，封为叔父摄政王，赐貂蟒朝衣。

——《清史稿》

顺治七年（1650年），多尔衮狩猎时不慎坠马受伤，不久后医治无效而亡。顺治帝得知消息后，率领王公大臣们去迎丧，追尊多尔衮为义皇帝，将其厚葬。但不久后，朝野上下开始举报多尔衮生前的罪行，顺治帝顺势宣布了多尔衮的十四条罪状，夺去给多尔衮的一切封典，甚至毁墓掘尸。

直到乾隆四十三年（1778年），乾隆帝弘历才下诏为多尔衮翻了案。

敲黑板

历史上流传着“太后下嫁多尔衮”一说，在当时和后世都引发了广泛的探讨。但“太后下嫁”一事没有官方明文记载，颇具争议，至今并无定论。而现代人津津乐道的“大玉儿”与多尔衮的浪漫情史则是野史与艺术加工的产物。

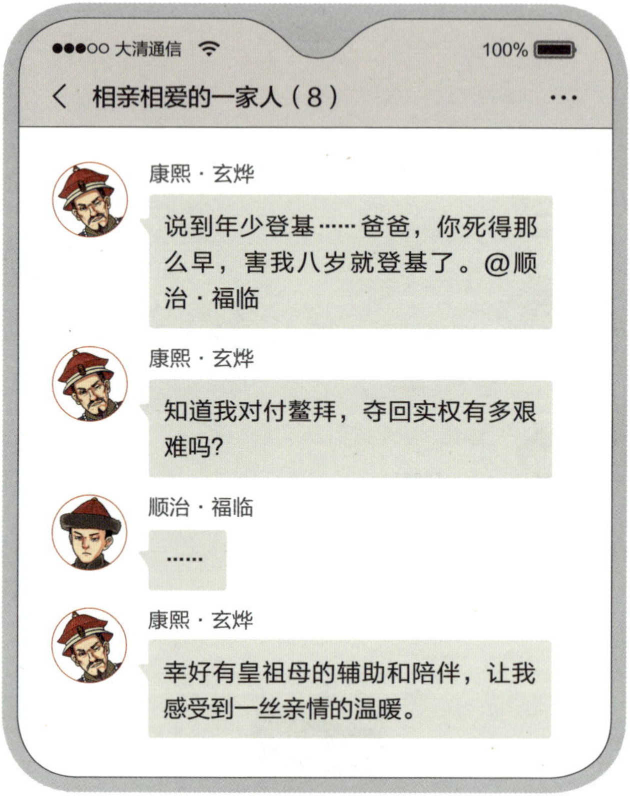

敲黑板

顺治帝驾崩以后，孝庄开始悉心培养八岁的孙儿玄烨，也就是我们熟悉的康熙帝。康熙对孝庄十分敬重和孝顺，后来孝庄病重，康熙在天坛祝祷时曾发自肺腑地说“愿减臣玄烨龄，冀增太皇太后数年之寿”。

🔈 瓜尔佳·鳌拜是清初的著名权臣。他出身将门，早年跟着皇太极打天下，深受皇太极的器重。顺治帝登基后，鳌拜又成了顺治的心腹重臣。顺治临终前指定索尼、苏克萨哈、遏（è）必隆、鳌拜为辅政大臣，辅佐新帝玄烨。

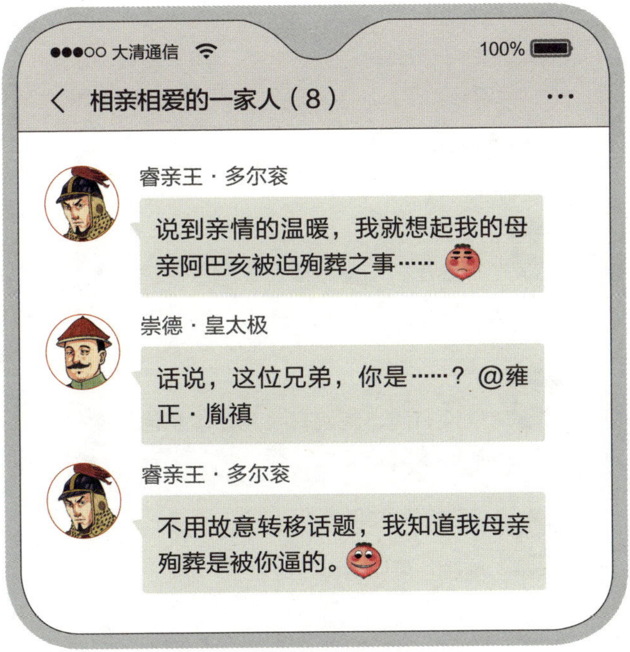

敲黑板

多尔衮的母亲乌拉那拉·阿巴亥（hài）是努尔哈赤的大福晋，她有三个儿子：阿济格、多尔衮和多铎（duó）。《清实录》中说她善妒，但为人机敏、善于权变。努尔哈赤死后，出于政治利益的考量，皇太极逼迫阿巴亥自尽，阿巴亥哀求无果，凄惨死去。

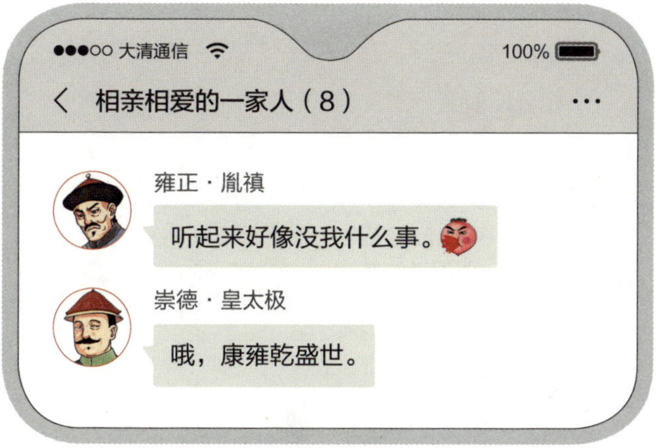

敲黑板

“康乾盛世”确切地说是“康雍乾盛世”，它是清朝国力最强的时期，历经康熙、雍正、乾隆三朝，持续了一百三十多年。

然而，“盛世”的福利并没有降临到普通百姓的身上，清政府看似稳固的统治之下也隐藏着巨大危机。

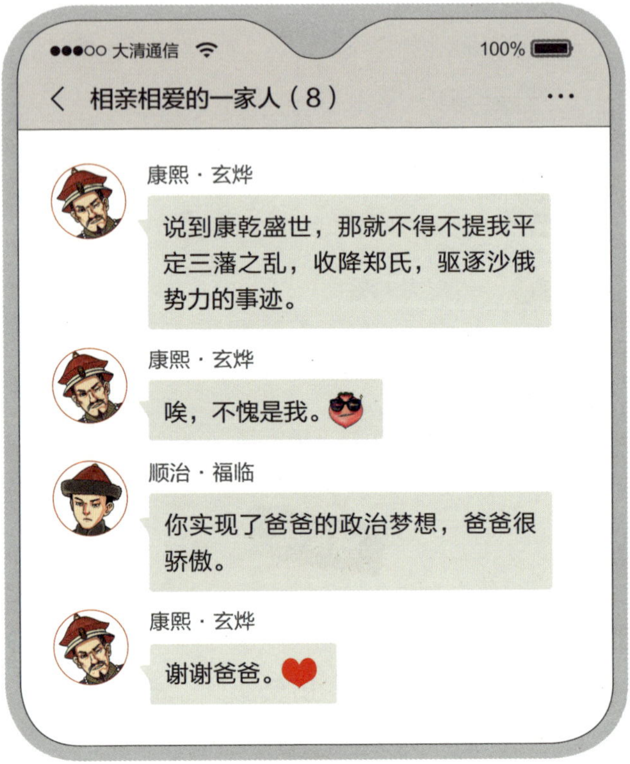

敲黑板

“三藩”指的是清初分封的平西王吴三桂、平南王尚可喜和靖南王耿仲明。他们三人原本都是明朝将领，投降清朝之后被清政府封了爵位。

康熙十二年（1673年），吴三桂发动叛变，尚可喜的儿子和耿仲明的孙子起兵响应。康熙帝强势镇压，平定了“三藩”之乱。

康熙元年（1662年），郑成功驱走荷兰殖民者，收复了台湾。及至康熙二十二年（1683年），康熙帝降服了郑成功的孙子郑克塽（shuǎng），台湾成为清政府直接管辖的一个行政区域。

●●●○○ 大清通信　100%

相亲相爱的一家人（8）

乾隆 · 弘历

呃……不管怎样，是我把康乾盛世推向了顶峰。

康熙 · 玄烨

也是你把它带到了谷底。

乾隆 · 弘历

崇德 · 皇太极

你先别怪你孙子，听说割地就是从你开始的？《尼布楚条约》硬生生把贝加尔湖和北方大片的土地割给了沙俄？@康熙 · 玄烨

崇德 · 皇太极

你知不知道爷爷我为了扩大疆土有多辛苦？

睿亲王 · 多尔衮

你知不知道叔公我为了扩大疆土有多辛苦？

●●●○○ 大清通信　100%

相亲相爱的一家人（8）

顺治·福临

5″

你知不知道爸爸我……咳，叛逆期过得有多辛苦？

睿亲王·多尔衮

是啊，叛逆到“杀弟夺妻”。@顺治·福临

顺治·福临

你“偷盗皇嫂”又好到哪里去？@睿亲王·多尔衮

睿亲王·多尔衮

崇德·皇太极

好了好了，都是些假料绯闻，没什么可吵的。

敲黑板

董鄂妃在顺治十三年（1656年）被册封为贤妃，一个月后就晋升为皇贵妃，在她的册封典礼上顺治帝还宣布大赦天下。

有传闻说董鄂妃是秦淮八艳中的董小宛，其实董鄂妃不姓董，她是内大臣董鄂·鄂硕的女儿，隶属满洲正白旗。关于董鄂妃的来历，野史中也有种种议论，其中有一种说法认为她本是顺治帝的弟弟襄亲王的福晋，顺治逼死弟弟后将她纳为自己的妃子（也就是所谓的“杀弟夺妻”）。

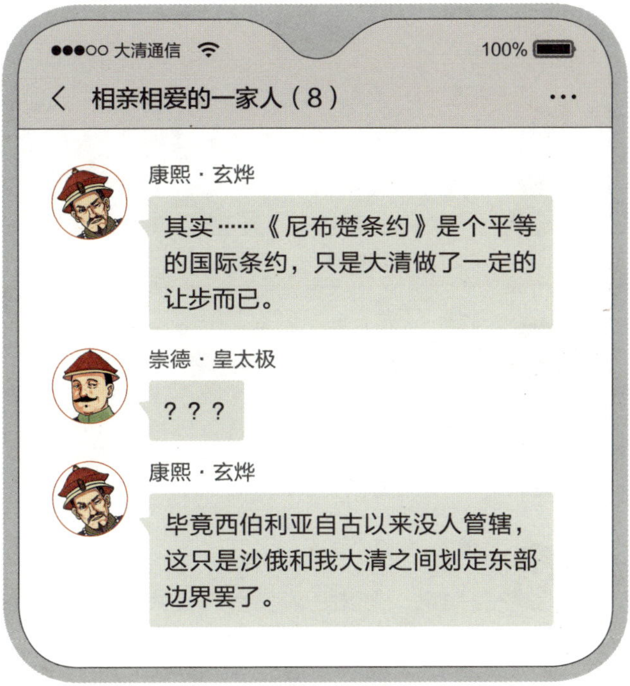

敲黑板

《尼布楚条约》是中俄双方在平等基础上签订的一个平等条约，它从法律上划定了中俄两国的东段边界，暂时解决了清初外交中的中俄疆界问题。

敲黑板

相传乾隆帝弘历不是雍正帝的亲生儿子，而是海宁陈阁老的儿子，这则野史其实经不起推敲。但乾隆帝的生母是谁倒确实是历史上的一桩谜案。

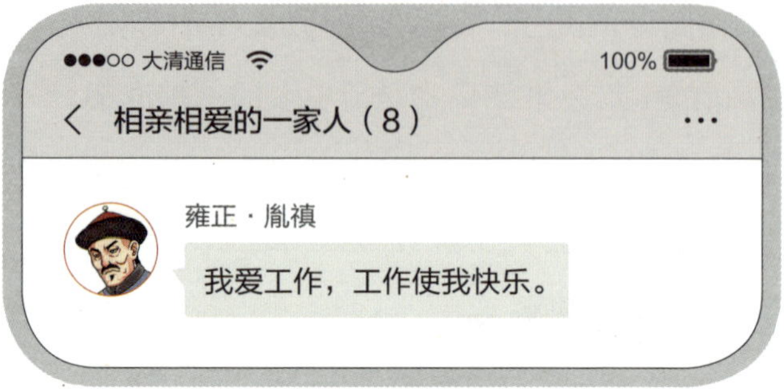

敲黑板

博尔济吉特 · 海兰珠是孝庄文皇后的亲姐姐，二十六岁时嫁给了皇太极，皇太极对她十分钟情。

崇德六年（1641年）九月，正在与明朝军队打仗的皇太极得知海兰珠生病的消息，立刻日夜兼程返回盛京探望，但终究没能见到海兰珠最后一面。在祭祀这位挚爱时皇太极说："……朕自遇尔，厚加眷爱。正欲同享富贵，不意天夺之速……"

孝庄文皇后名叫博尔济吉特 · 布木布泰（"大玉儿"是民间文学作品给她取的名字，正史中没有这个称呼），她在崇德年间被封为庄妃；皇太极驾崩、福临即位后，她被尊为圣母皇太后；及至康熙帝玄烨即位，她又被尊为太皇太后；死后，她的谥号是"孝庄仁宣诚宪恭懿（yì）至德纯徽翊（yì）天启圣文皇后"，所以后人才称她为孝庄。

雍正是个"工作狂"，他勤于政务，每天工作强度很大，清史学家孟森在《清史讲义》中感叹道："自古勤政之君，未有及世宗者。谕旨批答，皆非臣下所能代，曲折尽意，皆出亲裁。有照例阁臣票拟者，略一含糊，辄被诘问。"

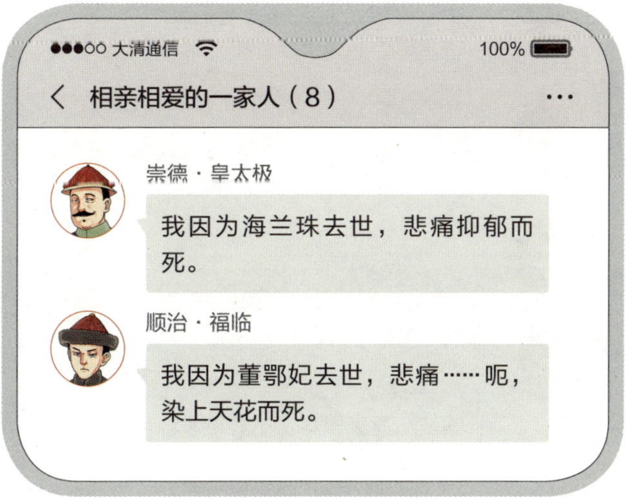

●●●○○ 大清通信
100%
相亲相爱的一家人（7）
"睿亲王·多尔衮"退出群聊
乾隆·弘历
多尔衮怎么退群了?
雍正·胤禛
因为他是骑马摔死的，怕尴尬!
乾隆·弘历
啊……
顺治·福临
多尔衮被后人编排爱情不顺也就算了，可怜他连子女都没活几个。
顺治·福临
听说玄烨儿子最多，真是佩服。
康熙·玄烨
爸爸过奖了。
康熙·玄烨
其实我是"迫于无奈"才生儿子的，毕竟家里有皇位要继承。

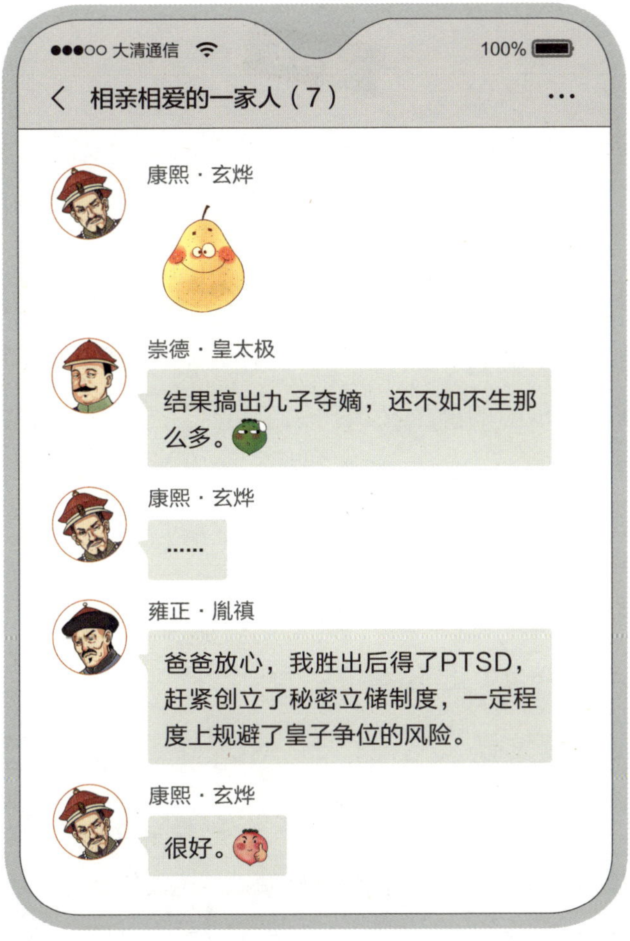

* PTSD是指创伤后应激障碍。

敲黑板

🔊 多尔衮只留下一个女儿东莪（é）格格。

多尔衮刚去世的时候，顺治帝将多铎之子多尔博过继给死去的多尔衮，于是多尔衮的爵位由多尔博继承，但不久后顺治帝就开始对多尔衮展开清算，多尔博的爵位又被撤销了，他恢复了“多铎之子”的身份。到了乾隆年间，乾隆帝为多尔衮翻案，多尔博也重新“成为”多尔衮的儿子。

🔊 算上夭折的儿子，康熙帝共有三十五个儿子，是清朝众帝中儿子最多的一位。

🔊 “九子夺嫡”的“九子”是指康熙帝众多儿子中的九个人，即大阿哥胤禔（zhī）、二阿哥胤礽（réng）、三阿哥胤祉（zhǐ）、四阿哥胤禛、八阿哥胤禩（sì）、九阿哥胤禟（táng）、十阿哥胤䄉（é）、十三阿哥胤祥、十四阿哥胤禵（tí）。他们划分为不同的势力集团，卷入皇位继承权的争夺，最终四阿哥集团胜出。

胤禛称帝后，他的兄弟们名字中的“胤”被改为“允”，以示避讳。

所谓“秘密立储”，顾名思义就是不公开立皇太子。皇帝会将谕旨分为两份，一份自己保存，一份放在乾清宫的“正大光明”牌匾后面，皇帝驾崩后大臣将两份谕旨取出公布。

清朝有四个皇帝是通过秘密立储制度确立的，分别为乾隆帝弘历、嘉庆帝颙琰、道光帝旻宁和咸丰帝奕詝。

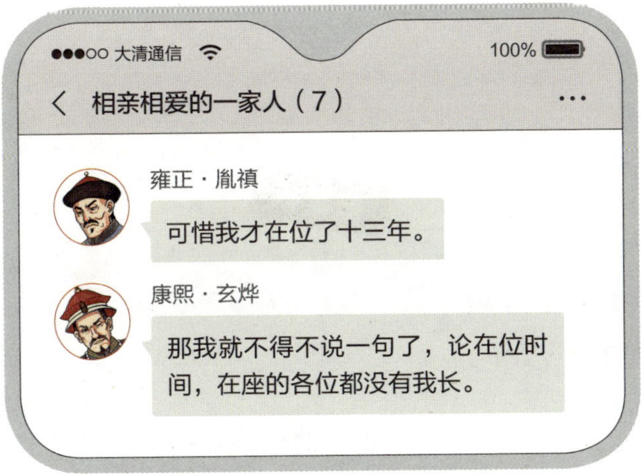

敲黑板

康熙帝在位时间长达六十一年，是清朝在位时间最长的皇帝。

乾隆帝在位六十年，但他把皇位传给儿子后，仍然把持着朝政。他活到了八十九岁，是清朝最长寿的皇帝。

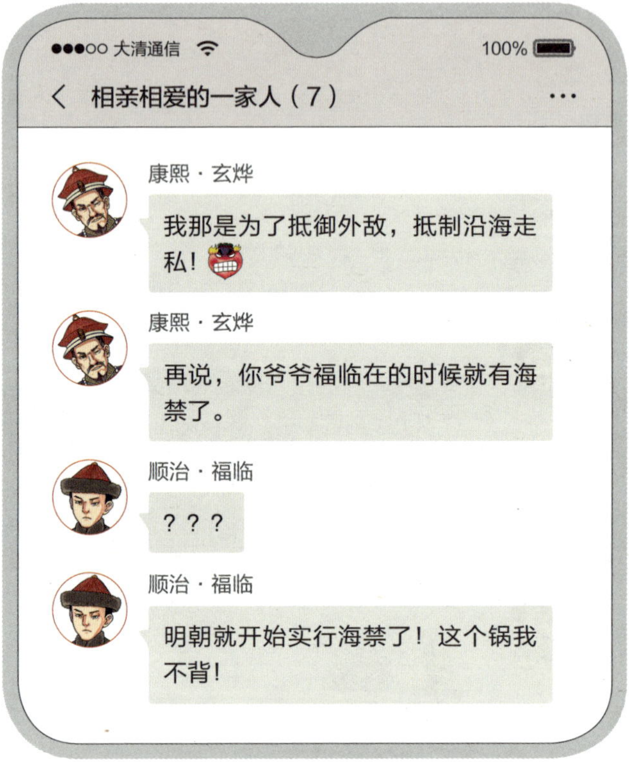

敲黑板

清初的时候，很多知识分子通过著书立说来反抗清政府，清政府为了彻底消除这种反清的思想，便大兴“文字狱”。一旦诗文中有某些内容触犯了清政府的“禁忌”，就会被当作罪证。

康熙在位时期发生了十多起文字狱，雍正在位时有二十多起，到了乾隆时期，则多达一百三十多起。

清朝初期为了防范东南沿海及台湾地区的抗清力量，清政府严格执行“海禁”政策。乾隆二十四年（1759年），清政府担心洋人和百姓联合起来反对清朝，于是颁布了《防范外夷规条》，加强对外国商人的管制。

●●●○○ 大清通信　100%

〈 相亲相爱的一家人（7） …

乾隆 · 弘历

爷爷，我怎么就不能聊艺术了?

乾隆 · 弘历

我写了四万多首诗呢！李白都没我写得多。

康熙 · 玄烨

有一首出现在中小学必背古诗里了吗?

乾隆 · 弘历

……

康熙 · 玄烨

还有你收藏的那些字画，几乎每张都被你盖了几十个印。

康熙 · 玄烨

你还动不动就写上万字的读后感，字画上“满屏”都是你的“弹幕”，想关都关不掉!

乾隆 · 弘历

……

敲黑板

乾隆帝酷爱在自己收藏的书画作品上盖印、题字（坚持翻到最后一页，你将会发现乾隆帝留下的“小惊喜”）。比如“书圣”王羲之的《快雪时晴帖》，乾隆帝出于喜爱，在《快雪时晴帖》上盖了一百多个章。

* 雍正所说的cosplay写真指的是清代古画《雍正帝行乐图》，这组画中雍正帝身着各种身份的服饰，造型各异，或抚琴，或射箭，或垂钓。

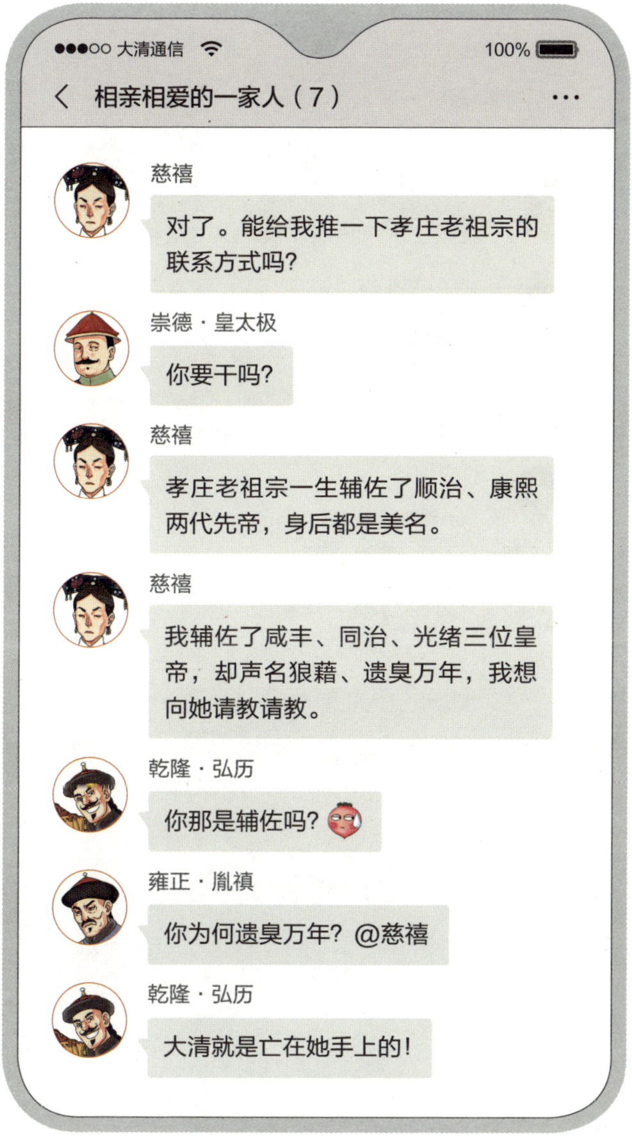
●●●○○ 大清通信
100%
相亲相爱的一家人（7）
慈禧
对了。能给我推一下孝庄老祖宗的联系方式吗?
崇德 · 皇太极
你要干吗?
慈禧
孝庄老祖宗一生辅佐了顺治、康熙两代先帝，身后都是美名。
慈禧
我辅佐了咸丰、同治、光绪三位皇帝，却声名狼藉、遗臭万年，我想向她请教请教。
乾隆 · 弘历
你那是辅佐吗?
雍正 · 胤禛
你为何遗臭万年? @慈禧
乾隆 · 弘历
大清就是亡在她手上的！

●●●○○ 大清通信　　100%

相亲相爱的一家人（7）

康熙·玄烨

什么？大清亡了？

崇德·皇太极

慈禧

贰

荣誉争夺战：

谁是“千古一帝”？

●●●○○ 大清通信　　100%

相亲相爱的一家人（11）

“咸丰·奕詝”“光绪·载湉”“宣统·溥仪”通过“慈禧”分享的二维码加入群聊

“天命·努尔哈赤”邀请“睿亲王·多尔衮”加入群聊

乾隆·弘历

欢迎咸丰帝、光绪帝、宣统帝加入群聊。

康熙·玄烨

新人曝照，让我来认认脸！

咸丰·奕詝

宣统·溥仪

光绪·载湉

爱新觉罗·载湉见过各位祖宗。

康熙·玄烨

载湉啊，跟我说说大清后世之事吧。

●●●○○ 大清通信
100%
相亲相爱的一家人（11）
光绪・载湉
……
康熙・玄烨
怎么了?
光绪・载湉
康熙爷，这个实在是难以启齿啊。
光绪・载湉
不如我与各位祖宗聊聊“千古一帝”吧。
康熙・玄烨
？？？
乾隆・弘历
说到“千古一帝”，就不得不提我“十全老人”了。
乾隆・弘历
我一生博学多才，勤政安民，文治武功，彪炳史册，“千古一帝”这个称号非我莫属。

敲黑板

乾隆自称“十全老人”，“十全”指的是“十全武功”，他在《御制十全记》中说：“十功者，平准噶尔二，定回部一，打金川为二，靖台湾为一，降缅甸、安南各一，即今之受廓尔喀降，合为十。”

即：

乾隆十二年（1747年）大小金川之战；

乾隆二十年（1755年）平定准噶尔达瓦齐、准噶尔阿睦尔撒纳；

乾隆二十三年（1758年）平定大小和卓；

乾隆二十七年（1762年）清缅战争；

乾隆三十六年（1771年）再平大小金川；

乾隆五十一年（1786年）平定台湾林爽文起义；

乾隆五十三年（1788年）安南之役；

乾隆五十五年（1790年）两征廓尔喀。

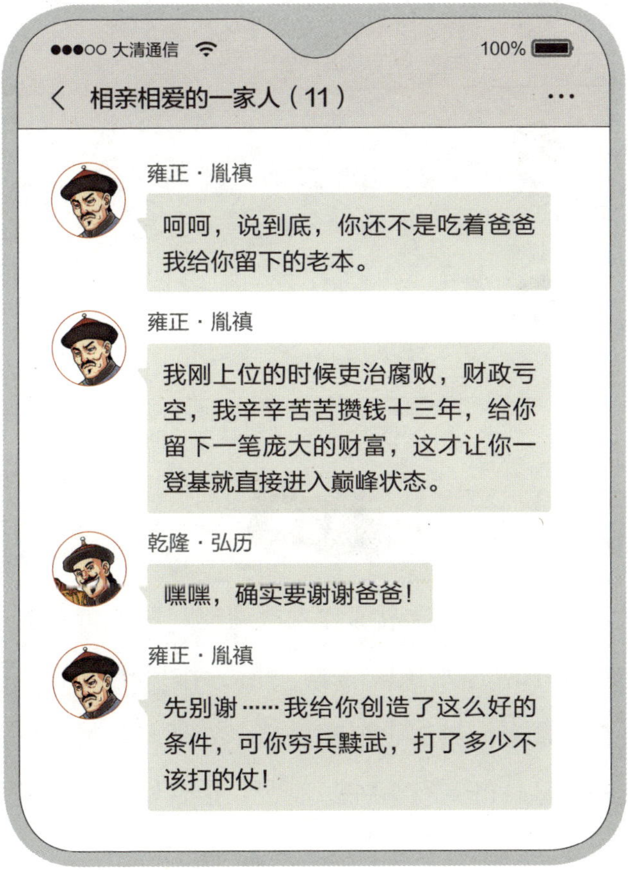

敲黑板

康熙帝和乾隆帝都曾六次南巡，康熙帝南巡主要是为了治理水患、考察吏治，作风比较节俭，而乾隆帝南巡虽然也视察民情、处理政务，但更多的是彰显自己，行事铺张浪费，给百姓增加了很多负担。

●●●○○ 大清通信　　100%

相亲相爱的一家人（11）

雍正·胤禛

话再说回来，我竞争上岗后励精图治，整饬吏治，进行了一系列社会改革，难道还达不成“千古一帝”的成就?

康熙·玄烨

……

康熙·玄烨

你们忘了“康乾盛世”是谁开创的了?

雍正·胤禛

康熙·玄烨

哦，你们忘了“康雍乾盛世”是谁开创的了?

康熙·玄烨

铲除权臣鳌拜、平定三藩之乱、抵御沙俄侵略……这些不用我再多说了吧?

* 艳压通稿：通稿就是新闻稿。艳压通稿是指发通稿时通过渲染自己“艳压”其他人来吹捧自己。

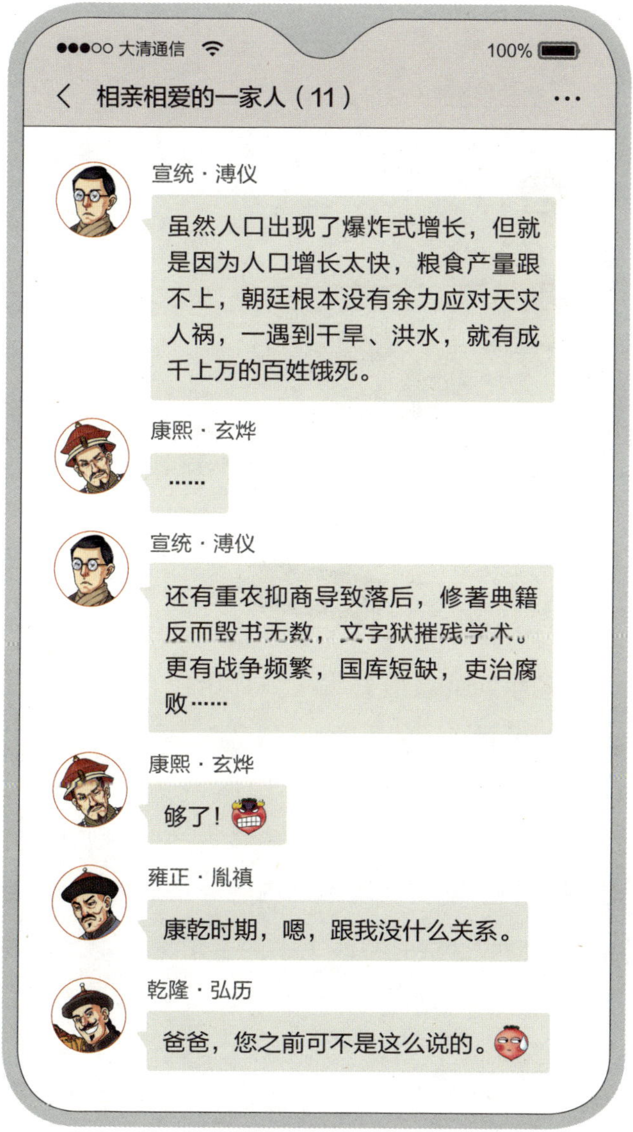
●●●○○ 大清通信
100%
相亲相爱的一家人（11）
宣统 · 溥仪
虽然人口出现了爆炸式增长，但就是因为人口增长太快，粮食产量跟不上，朝廷根本没有余力应对天灾人祸，一遇到干旱、洪水，就有成千上万的百姓饿死。
康熙 · 玄烨
……
宣统 · 溥仪
还有重农抑商导致落后，修著典籍反而毁书无数，文字狱摧残学术。更有战争频繁，国库短缺，吏治腐败……
康熙 · 玄烨
够了！
雍正 · 胤禛
康乾时期，嗯，跟我没什么关系。
乾隆 · 弘历
爸爸，您之前可不是这么说的。

敲黑板

乾隆年间清政府修编了一部历代著作总集，就是我们熟悉的《四库全书》。

在修编过程中，一旦发现收集到的书中有反清思想或不利于清政府统治的内容，清廷就会将其全部或部分销毁，或是篡改书中的字句。

●●●○○ 大清通信
100%
相亲相爱的一家人（11）
宣统 · 溥仪
算了，你们古代的事情不提也罢，看，我的头像是不是很靓仔？衣品是不是很时髦？@所有人
乾隆 · 弘历
我早就想说了，你穿成这样是在搞非主流吗？
宣统 · 溥仪
???
宣统 · 溥仪
我这是被一个没有审美的人diss了吗？
乾隆 · 弘历
你说什么？
宣统 · 溥仪
乾隆帝，您的“农家乐”审美实在让人不忍直视。

●●●○○ 大清通信 100%

相亲相爱的一家人（11）

乾隆 · 弘历

雍正 · 胤禛

早跟你说了，跟爸爸学，走极简风，淡雅娟秀。

乾隆 · 弘历

喜庆热闹不好吗？我乾隆年间的瓷器色彩华丽，工艺水平高超，花了不少财力呢。

雍正 · 胤禛

见过把奢侈品无脑往身上堆的暴发户没有？

雍正 · 胤禛

钱是没少花，结果土掉渣。

康熙 · 玄烨

听说后人还给弘历取了个新名字，叫“爱新觉罗 · 人间富贵花 · 牛皮癣 · 弘历”。

●●●○○ 大清通信
100%
相亲相爱的一家人（11）
乾隆・弘历
爷爷，不要再拿印章“弹幕”和审美diss我了，在小辈们面前给我留条底裤吧。
乾隆・弘历
宣统・溥仪
其实论实绩，“千古一帝”当然是我们的康熙帝。尤其是康熙帝会数学——会做几何证明题的男孩子最有魅力了。
宣统・溥仪
其他人嘛，一个只会马上打仗，一个死得早没什么建树，一个工作狂不顾家，一个热衷盖印糟蹋文物，拿什么和我们康熙帝比？
崇德・皇太极
感觉受到了冒犯。

* 乾隆帝大面积地盖印和题字常常破坏了藏品的美感，因此后人戏称这些印章和题字是“牛皮癣”。

敲黑板

雍正年间的瓷器和乾隆年间的瓷器工艺水平都比较高，但在风格上有所不同，前者偏清新、秀丽、精致，后者则大多纹饰繁复、色彩华美。

康熙帝在天文和数学方面有极大的兴趣，也很有天赋。据说方程式中的元、次、根等术语的汉译名最初就是他定下来的。此外，他还组织编撰了《御制数理精蕴》等数学书籍。

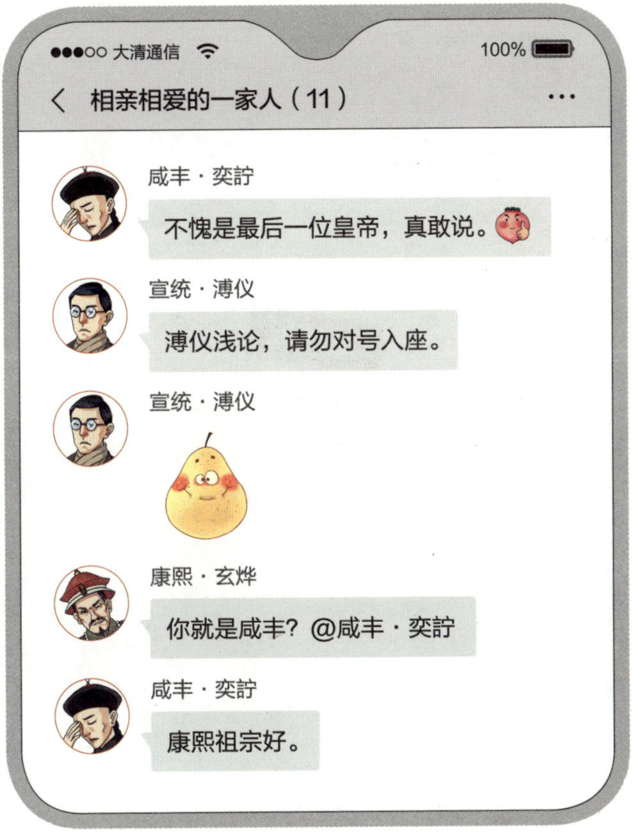

敲黑板

圆明园是清代皇家园林，始建于康熙年间，最初是康熙帝赐给当时的雍亲王胤禛的园林，后来被不断扩建和修缮。

咸丰十年（1860年），英法联军侵入北京，大肆洗劫后纵火焚烧了圆明园。

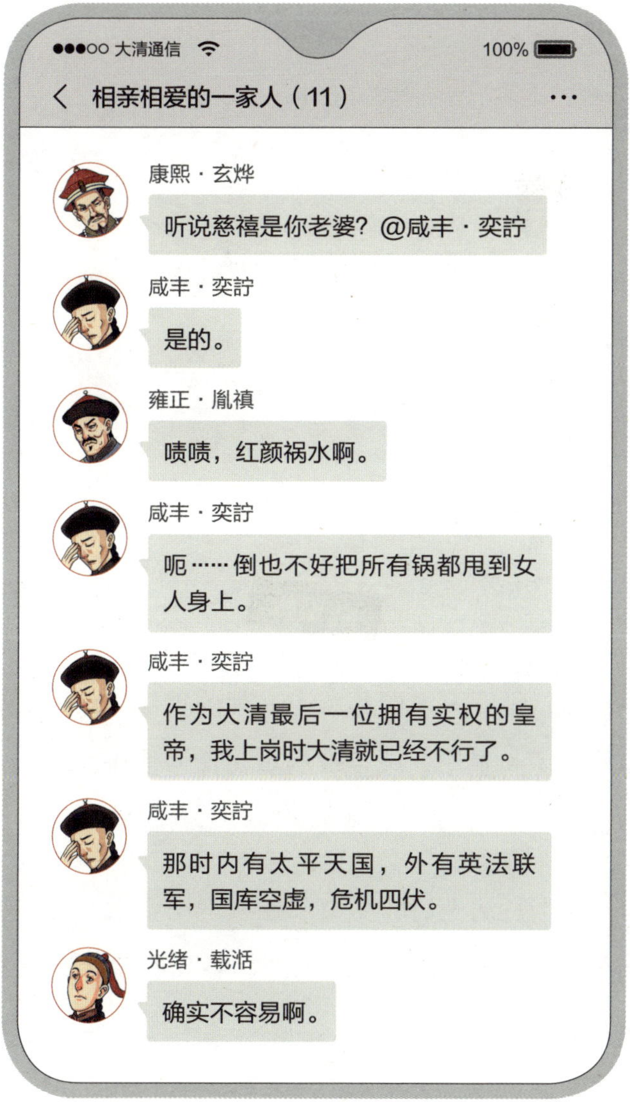
●●●○○ 大清通信
100%
相亲相爱的一家人（11）
康熙 · 玄烨
听说慈禧是你老婆？@咸丰 · 奕詝
咸丰 · 奕詝
是的。
雍正 · 胤禛
啧啧，红颜祸水啊。
咸丰 · 奕詝
呃……倒也不好把所有锅都甩到女人身上。
咸丰 · 奕詝
作为大清最后一位拥有实权的皇帝，我上岗时大清就已经不行了。
咸丰 · 奕詝
那时内有太平天国，外有英法联军，国库空虚，危机四伏。
光绪 · 载湉
确实不容易啊。

敲黑板

爱新觉罗·肃顺是咸丰一朝的重臣，深受咸丰帝的赏识和重用，咸丰帝病重时任命他为顾命八大臣之一。

咸丰帝病逝后，慈禧、慈安两个太后与奕訢联合起来发动了政变（史称“辛酉政变”），从顾命八大臣手中成功夺权，肃顺被下令斩首，死时四十五岁。

曾国藩生于湖南湘乡，是湘军的创办者。他是个颇具争议的人，一方面，他为人隐忍威重、勤勉自律，善于治家和治军；另一方面，他在镇压农民起义时杀人如麻，被人们称为“曾剃头”，他在给咸丰帝的上疏中曾说“即臣身得残忍严酷之名，亦不敢辞”。因此，后世对他褒贬不一。

光绪帝曾十分信任袁世凯，对他委以重任，希望他能在维新变法中发挥才干，但后来袁世凯还是倒向了光绪的对立面。一般的观点认为是袁世凯的告密导致了慈禧太后对维新派下手，但也有历史学家推测，慈禧太后本已打算发动政变，袁世凯为求自保便选择了背叛维新派。

维新是革故鼎新的意思。维新变法也叫戊戌变法，它是康有为、梁启超等维新派人士在光绪帝的支持下进行的一次改良运动。

光绪二十四年（1898年）六月，变法开始，光绪帝急于通过变法来挽回清朝的颓势，颁布了许多变法的诏令，但以慈禧太后为代表的守旧派害怕自己的利益被触犯，对变法采取了抵制、抗拒的态度。同年九月，守旧派发动了政变。光绪帝被囚禁，康有为、梁启超出逃，谭嗣同、康广仁等人（戊戌六君子）被杀害。维新变法只持续了一百零三天，所以又被称为“百日维新”。

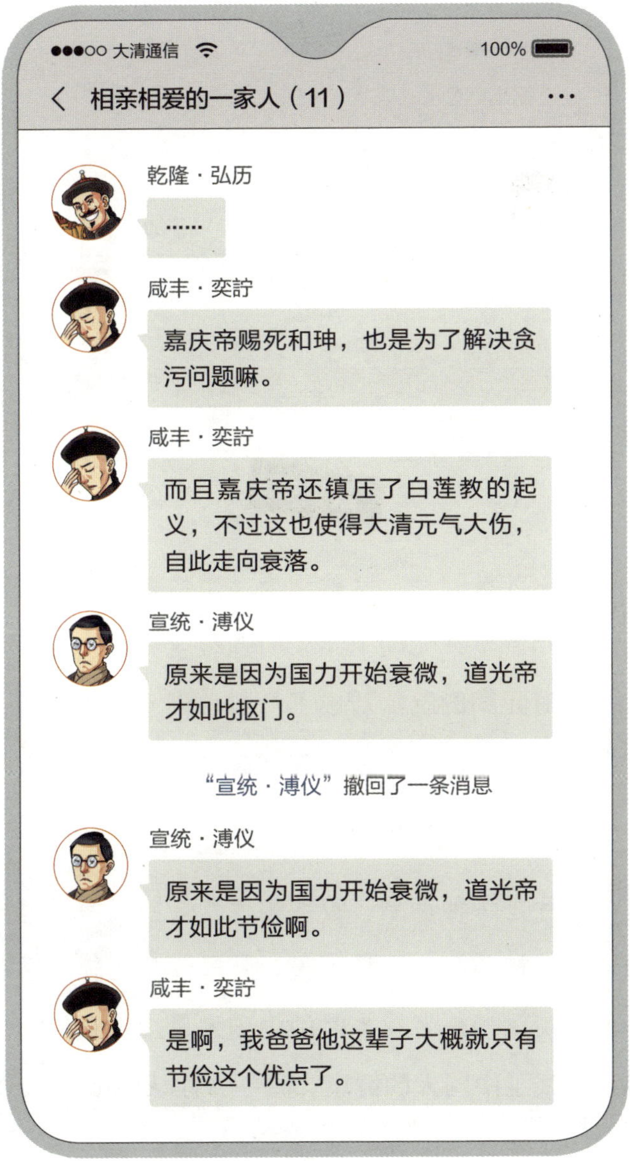
●●●○○ 大清通信
100%
相亲相爱的一家人（11）
乾隆·弘历
……
咸丰·奕詝
嘉庆帝赐死和珅，也是为了解决贪污问题嘛。
咸丰·奕詝
而且嘉庆帝还镇压了白莲教的起义，不过这也使得大清元气大伤，自此走向衰落。
宣统·溥仪
原来是因为国力开始衰微，道光帝才如此抠门。
“宣统·溥仪”撤回了一条消息
宣统·溥仪
原来是因为国力开始衰微，道光帝才如此节俭啊。
咸丰·奕詝
是啊，我爸爸他这辈子大概就只有节俭这个优点了。

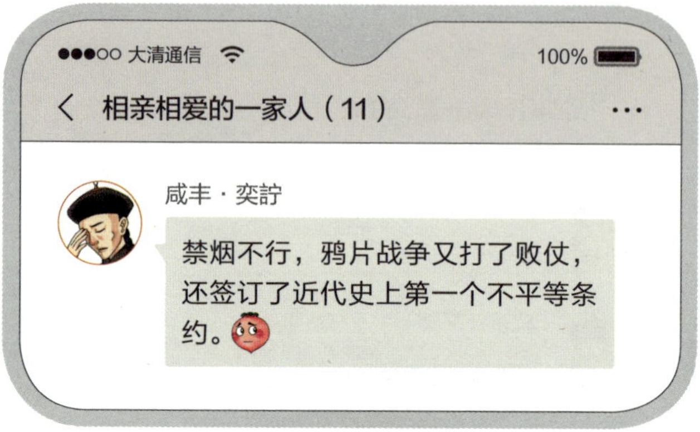

敲黑板

“白莲教起义”又被称为“川楚教乱”，前后历时九年。早在元朝末年，白莲教就曾发动过反元起义，对元朝的统治造成了打击。到了嘉庆年间，白莲教再次掀起大规模的农民起义，起义于嘉庆九年（1804年）被镇压。

鸦片是一种毒品，吸食鸦片者会慢慢变得身体虚弱、精神萎靡，一旦不吸，就会浑身瘫软、涕泗横流。英国侵略者在当时的中国大量推销鸦片，一方面摧残了中国人的健康，另一方面从中攫（jué）

取暴利。

道光十九年（1839年），林则徐在广州虎门集中销毁鸦片，从6月3日起，用了二十多天，才把收缴来的鸦片全部销毁。颇为巧合的是，林则徐虎门销烟结束于6月25日，而后来联合国定下的“国际禁毒日”是6月26日。

道光二十年（1840年），英国以“虎门销烟”为借口派军侵华，两年后清政府战败。这场战争被称作鸦片战争。

鸦片战争结束后，中英双方签订《南京条约》，中国开始沦为半殖民地半封建社会。

《南京条约》是中国近代史上第一个不平等条约，签订于1842年8月29日。《南京条约》中的割让香港岛、向英国赔偿两千一百万银圆、开放五口通商（广州、福州、厦门、宁波、上海）等条款，严重破坏了中国的领土完整和关税主权。

●●●○○ 大清通信　　100%

相亲相爱的一家人（11）

宣统·溥仪

说得好像你打赢了鸦片战争似的。@咸丰·奕詝

宣统·溥仪

第一次鸦片战争道光帝输给了英国人，第二次鸦片战争你输给了英法联军！

宣统·溥仪

不仅如此，你还被打得从圆明园逃到了避暑山庄，签订了更多的不平等条约。

咸丰·奕詝

说得好像你没有逃过一样。

宣统·溥仪

……

咸丰·奕詝

听说日本战败后，你打算从沈阳逃往东京，结果飞机没飞起来就被苏联军队扣住了，然后把你送到西伯利亚坐了几年牢。

敲黑板

英法联军侵入北京后，咸丰帝逃到了热河行宫（承德避暑山庄），留下恭亲王奕訢在北京与洋人议和。

奕䜣作为清廷代表，与英国、法国、俄国签订了《中英北京条约》《中法北京条约》《中俄北京条约》等不平等条约。

1932年，溥仪在日本军队的扶植下于长春建立了“满洲国”，年号康德。这是一个傀儡政权，因不被承认所以也被称为“伪满洲国”。

1945年日本战败宣布投降后，溥仪试图从沈阳逃往日本，但没能成功，被苏联红军带到苏联关押了五年。

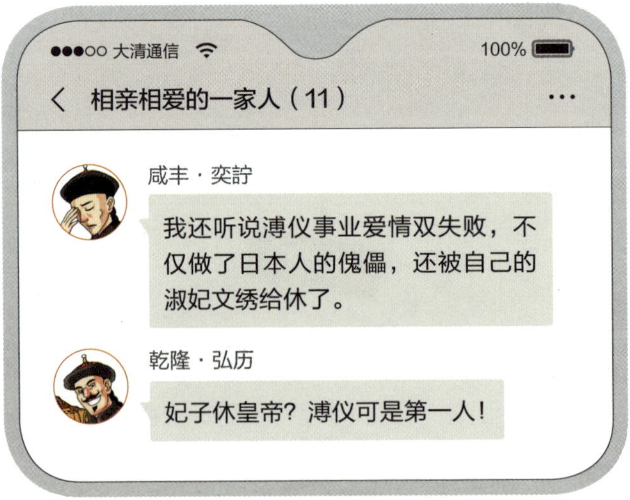

●●●○○ 大清通信
100%
相亲相爱的一家人（11）
宣统 · 溥仪
有什么稀奇的，我回故宫还得买门票呢。
宣统 · 溥仪
我这辈子什么没见过，习惯了。
光绪 · 载湉
唉，我也曾试图让大清回光返照，可惜骄傲却被现实大海冷冷拍下……
宣统 · 溥仪
载湉伯父一生都是傀儡，比我还惨。我至少在人生的最后几年还可以做自己。
咸丰 · 奕詝
说实在的，我大清闭关锁国、控制民众、摧残文化，还不发展军事，不接受先进思想，“吃枣药丸”。
咸丰 · 奕詝
不能把锅甩在一个人身上。

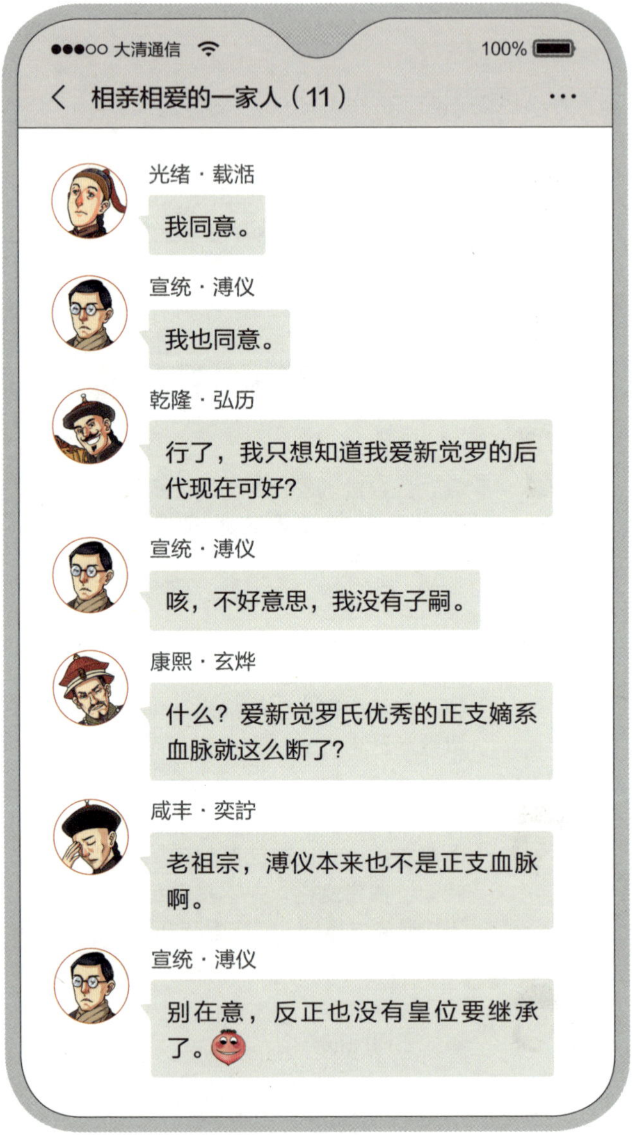
●●●○○ 大清通信
100%
相亲相爱的一家人（11）
光绪 · 载湉
我同意。
宣统 · 溥仪
我也同意。
乾隆 · 弘历
行了，我只想知道我爱新觉罗的后代现在可好?
宣统 · 溥仪
咳，不好意思，我没有子嗣。
康熙 · 玄烨
什么？爱新觉罗氏优秀的正支嫡系血脉就这么断了?
咸丰 · 奕詝
老祖宗，溥仪本来也不是正支血脉啊。
宣统 · 溥仪
别在意，反正也没有皇位要继承了。

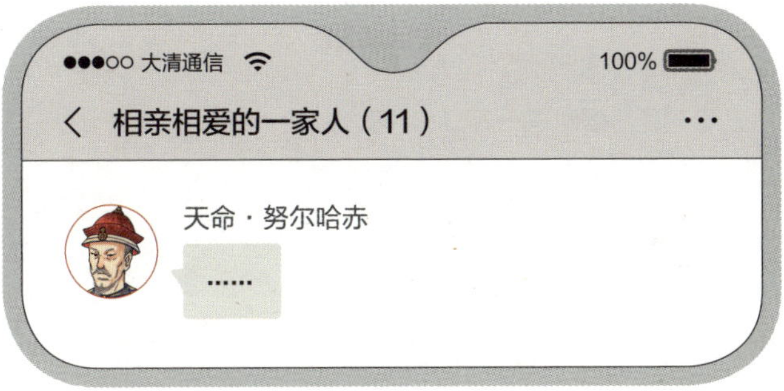

* 吃枣药丸=迟早要完

敲黑板

🔈 溥仪的妃子额尔德特 · 文绣1922年被选入宫里，1931年8月登报公开表示与溥仪离婚。

🔈 光绪帝载湉和宣统帝溥仪都是由旁支入继大统的。

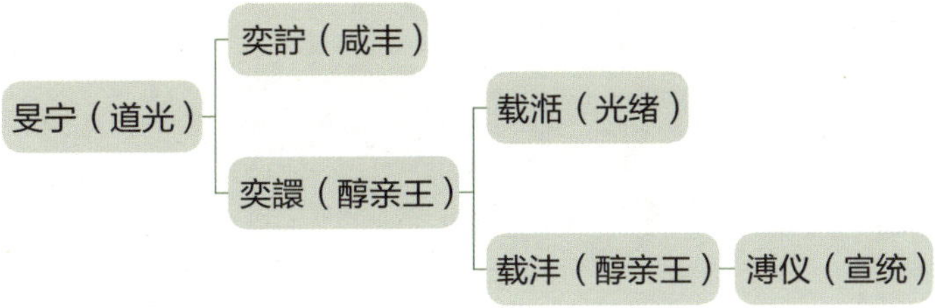

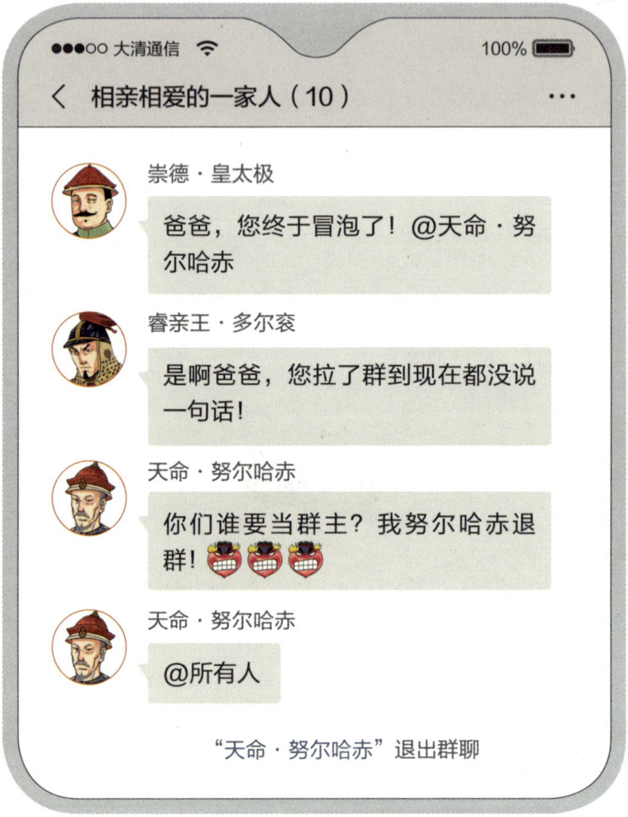
●●●○○ 大清通信
100%
相亲相爱的一家人（10）
崇德 · 皇太极
爸爸，您终于冒泡了！@天命 · 努尔哈赤
睿亲王 · 多尔衮
是啊爸爸，您拉了群到现在都没说一句话！
天命 · 努尔哈赤
你们谁要当群主？我努尔哈赤退群！
天命 · 努尔哈赤
@所有人
“天命 · 努尔哈赤”退出群聊

叁

慈禧语惊四座：

“犯我大清者，虽远必赔！”

●●●○○ 大清通信
100%
垂帘听政（10）
“慈禧”修改群名为“垂帘听政”
慈禧
既然先祖努尔哈赤退群，就由我来当群主吧！@所有人
宣统·溥仪
我反对！
“宣统·溥仪”已被“慈禧”移出群聊
“乾隆·弘历”邀请“宣统·溥仪”加入群聊

●●●○○ 大清通信
100%
相亲相爱的一家人（10）
“乾隆·弘历”修改群名为“相亲相爱的一家人”
慈禧
……

●●●○○ 大清通信
100%
相亲相爱的一家人（10）
乾隆・弘历
慈禧
乾隆爷，您能不能别乱改新群主设置的群名？
乾隆・弘历
老祖宗的东西你能随便乱改吗？
慈禧
睿亲王・多尔衮
6″
你在那万人中央，感受那万丈荣光！
慈禧
唱歌是对新群主最起码的尊重，谢谢多尔衮老祖宗支持。

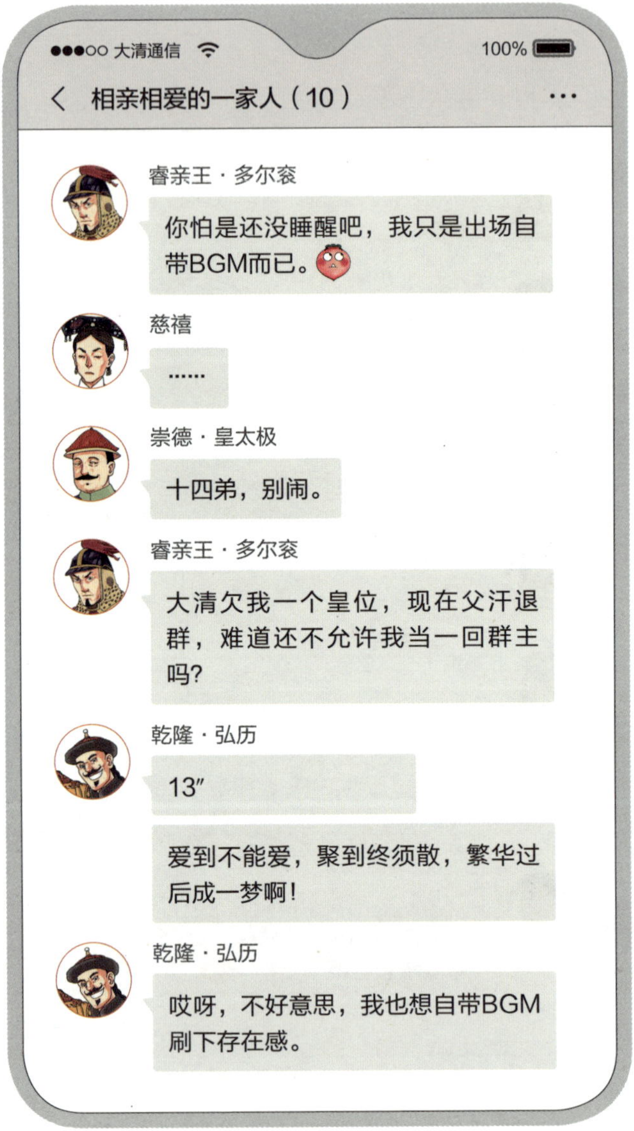
●●●○○ 大清通信
100%
相亲相爱的一家人（10）
睿亲王 · 多尔衮
你怕是还没睡醒吧，我只是出场自带BGM而已。
慈禧
……
崇德 · 皇太极
十四弟，别闹。
睿亲王 · 多尔衮
大清欠我一个皇位，现在父汗退群，难道还不允许我当一回群主吗?
乾隆 · 弘历
13″
爱到不能爱，聚到终须散，繁华过后成一梦啊！
乾隆 · 弘历
哎呀，不好意思，我也想自带BGM刷下存在感。

* BGM是背景音乐background music的缩写。多尔衮、弘历和玄烨唱的分别为影视剧《孝庄秘史》《戏说乾隆》《康熙王朝》的主题曲。

●●●○○ 大清通信
100%
相亲相爱的一家人（10）
康熙 · 玄烨
慈禧啊，你想当群主，那你说说，你有什么过人之举?
慈禧
我胆子大。
慈禧
北有义和团扶清灭洋，南有各督抚东南互保，我曾下宣战谕旨，向列强宣战，维护了大清最后一次尊严。
宣统 · 溥仪
说最狠的话，跑最快的路。
慈禧
闭嘴，你这个傀儡皇帝，是谁给你的勇气这么刚的?
宣统 · 溥仪
“破罐子破摔”，我什么都敢说。
慈禧
……

敲黑板

🔈 义和团原名义和拳，是白莲教的一个支派，最早在山东一带活动，后来席卷其他地区。他们以"扶清灭洋"为口号，多次烧教堂、拆电线、毁铁路，使西方列强在华的利益受到重大损失。

义和团运动是中国近代史上著名的农民武装反帝爱国运动，朴素的爱国热情、反智的斗争手段让它在历史上留下了浓墨重彩的一笔，也因此引发了许多争议。

🔈 光绪二十六年（1900年），八国（英、美、法、俄、德、日、意、奥）联军以义和团伤害洋人为由，攻占大沽炮台。在慈禧太后的主持下，清廷发布了一道"宣战诏书"。诏书中称："与其苟且图存，贻羞万古，孰若大张挞伐，一决雌雄。"比起严格意义上的正式对外宣战，这份诏书更类似于一种表态和对内部的备战动员。

然而，列强侵略的步伐不会停止，同年八月，八国联军攻入北京，慈禧带着光绪帝以及一些皇室成员仓皇逃往西安。

🔈 清廷“宣战”的谕旨下达后，东南各省的大员如两江总督刘坤一、湖广总督张之洞、两广总督李鸿章、山东巡抚袁世凯等人与列强达成“东南互保”协议，约定两不相扰。这一协议一方面向帝国主义做出了妥协，另一方面保护了南方工商业不受战火波及，同时也表明当时清廷的威信已经大大下降。

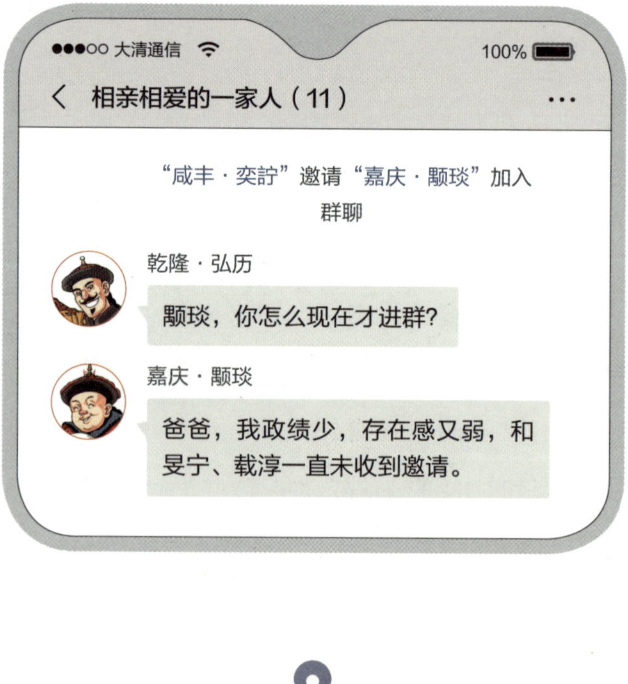

●●●○○ 大清通信
100%
相亲相爱的一家人（11）
乾隆 · 弘历
既然进群了，你是不是要在各位面前夸夸爸爸啊？
嘉庆 · 颙琰
呃，夸您什么？
乾隆 · 弘历
随便，低调点夸就行。
嘉庆 · 颙琰
爸爸您为了享乐，可是花光了大清所有的运气啊。
乾隆 · 弘历
乾隆 · 弘历
你还是卷成一团圆润地退群吧。
嘉庆 · 颙琰
爸爸，我说错了吗？

●●●○○ 大清通信　100%

相亲相爱的一家人（11）

乾隆·弘历

你小子真是身在福中不知福，老子把和珅留给你，你还不知道我的用意?

嘉庆·颙琰

儿子不知道。

乾隆·弘历

要不怎么说“嘉道中衰”呢，蠢死你得了!

嘉庆·颙琰

乾隆·弘历

治国可是要资本的，和珅就是一份大产业，我特意留给你当收成的。

雍正·胤禛

厉害了！难怪有人说“和珅跌倒，嘉庆吃饱”。

敲黑板

"嘉道中衰"的"嘉"指的是嘉庆，"道"指的是道光，意为清朝自嘉庆一朝开始就走上了下坡路。

和珅原名钮祜禄·善保，满洲正红旗人。他是乾隆时期的权臣，深受乾隆帝的宠信。

嘉庆四年（1799年），太上皇乾隆驾崩，不久之后，嘉庆帝宣布了和珅的二十条大罪，抄了他的家。四十九岁的和珅被嘉庆帝赐白绫自尽而死。和珅的财产数额巨大，因此民间有“和珅跌倒，嘉庆吃饱”的说法。

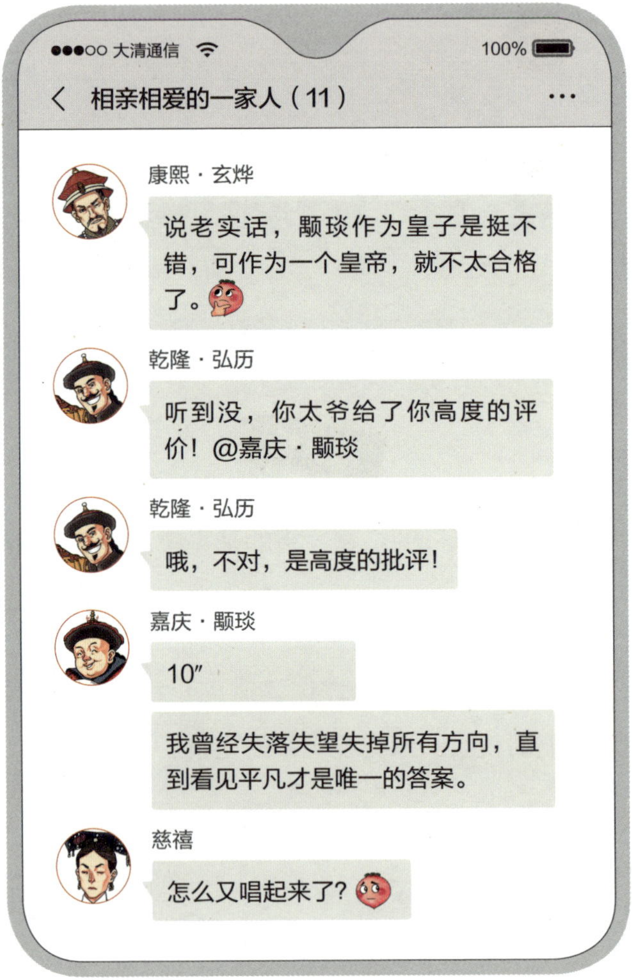

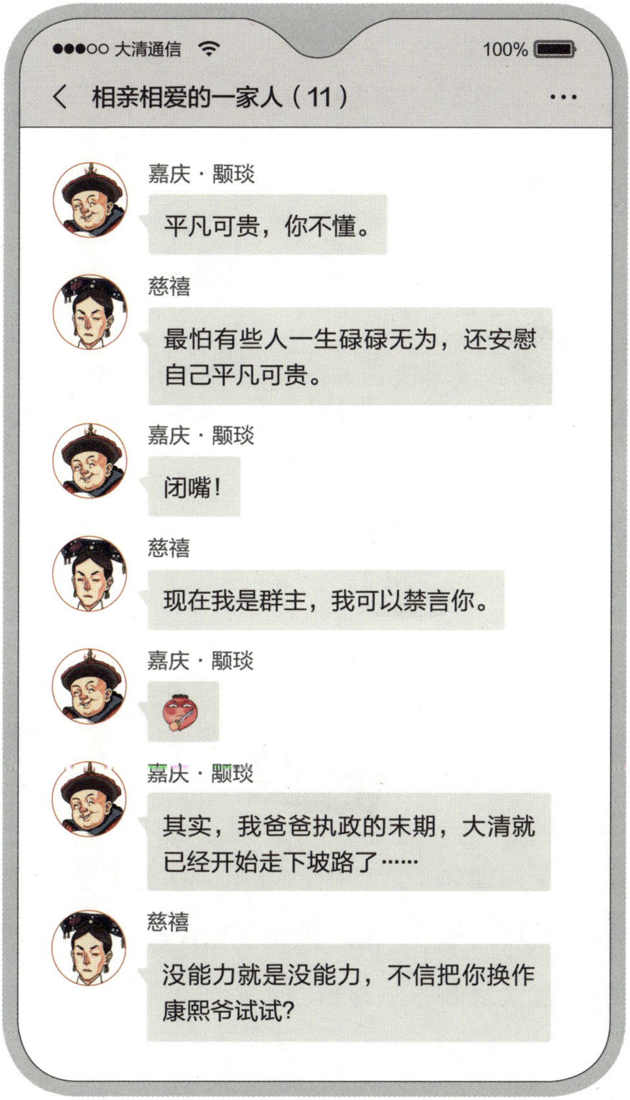
●●●○○ 大清通信
100%
相亲相爱的一家人（11）
嘉庆·颙琰
平凡可贵，你不懂。
慈禧
最怕有些人一生碌碌无为，还安慰自己平凡可贵。
嘉庆·颙琰
闭嘴！
慈禧
现在我是群主，我可以禁言你。
嘉庆·颙琰
嘉庆·颙琰
其实，我爸爸执政的末期，大清就已经开始走下坡路了……
慈禧
没能力就是没能力，不信把你换作康熙爷试试?

敲黑板

乾隆一朝到了后期吏治败坏，社会矛盾尖锐，嘉庆帝颙琰登基后，有心改革整饬（chì），但他性格有些优柔寡断，缺乏雷霆手段，虽然付出了很多努力，但仍然没能拉住清朝走向没落的脚步。

●●●○○ 大清通信　　100%

〈 相亲相爱的一家人（11） …

咸丰·奕詝

爷爷，碌碌无为也没什么不好的，至少您活得久。@嘉庆·颙琰

咸丰·奕詝

您看我，我死得早，我儿子也死得早，最后还是我侄子继的位，我老婆掌的权。

慈禧

老公，臣妾为了大清可是操碎了心，本想像乾隆爷一样名垂千古，到最后却成了大清的千古罪人。

慈禧

臣妾实在是太难了！

雍正·胤禛

别低头，皇冠会掉。@慈禧

咸丰·奕詝

老婆辛苦了！宝贝不哭！

慈禧

宝宝心里苦，但宝宝不哭。

●●●○○ 大清通信　100%

相亲相爱的一家人（11）

乾隆·弘历

哎呀妈呀，在我面前秀恩爱，难怪死得快。

康熙·玄烨

整天情情爱爱的，大清不亡才怪！

康熙·玄烨

乾隆·弘历

爷爷教训的是，他们太让爷爷失望了。

康熙·玄烨

你也好不到哪里去。

乾隆·弘历

爷爷言重了，爷爷最疼爱弘历了！

雍正·胤禛

你爷爷再怎么疼爱你，最后还不是我把皇位传给了你？@乾隆·弘历

●●●○○ 大清通信
100%
相亲相爱的一家人（11）
康熙 · 玄烨
你这话说的，当年要不是我看重弘历，我会把皇位传给你？
雍正 · 胤禛
嘉庆 · 颙琰
乾隆 · 弘历
你笑什么？@嘉庆 · 颙琰
乾隆 · 弘历
当年要不是我也看重你儿子旻宁的优秀，我会把皇位传给你？
宣统 · 溥仪
优秀？道光帝旻宁脚踢太子，一踢一个准。
咸丰 · 奕詝
我太子大哥他天赋极差，又不用功，他不死也当不好皇帝，踢死挺好的。

敲黑板

此处康熙帝关于传位的话固然是调侃，但在历史上他确实很喜爱弘历。康熙五十年（1711年），弘历出生于胤禛的雍亲王府。康熙帝第一次见到孙子弘历就对其另眼相看，后来还把他留在宫中养育，教他功课。

嘉庆帝之子爱新觉罗·旻宁是清朝的第八位皇帝。旻宁十岁时跟随乾隆帝打猎，“引弓获鹿，喜动天颜”。为此，乾隆帝还作诗纪念：

尧年避暑奉慈宁，
桦室安居聪敬听。
老我策骢尚武服，
幼孙中鹿赐花翎。
是宜志事成七律，
所喜争先早二龄。
家法永遵绵奕叶，
承天恩贶慎仪刑。

幼孙射鹿让乾隆帝回忆起自己十二岁时跟随康熙帝狩猎时的情景，而此时的旻宁比当初的自己还要小两岁。《清实录》在记载此事时说乾隆帝"期勖（xù）之意深矣"（期勖：寄予希望、勉励）。

道光帝的长子、咸丰帝的长兄是多罗隐志郡王爱新觉罗·奕纬。正史记载，奕纬是在道光十一年（1831年）病逝的，终年二十四岁。据传奕纬性格叛逆，有一次在学习时对太傅出言不逊，扬言等自己当上皇帝就要杀了太傅，道光皇帝知道后责罚了奕纬，不慎将其踢伤，导致了奕纬的去世。

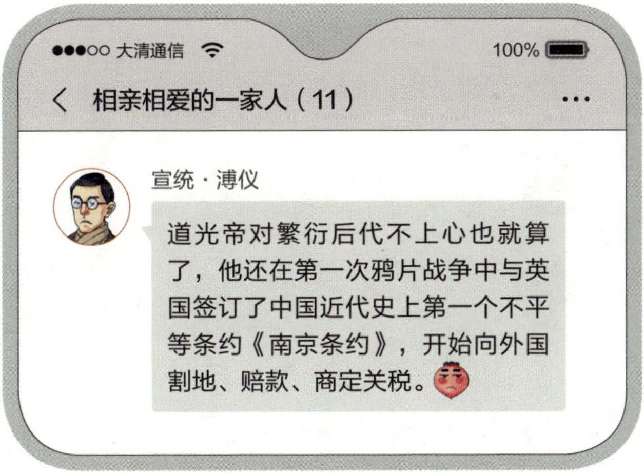

●●●○○ 大清通信　　100%

相亲相爱的一家人（11）

乾隆·弘历
什么，旻宁对生孩子不上心？是我看走了眼。

嘉庆·颙琰
不上心总比一个子嗣都没有强点儿。

宣统·溥仪
呵呵！

康熙·玄烨
……

康熙·玄烨
弘历的关注点总是如此清奇。

乾隆·弘历
爷爷，我又说错话了吗？

康熙·玄烨
重点不应该是我大清给外国割地赔款吗？

●●●○○ 大清通信
100%
相亲相爱的一家人（11）
慈禧
犯我大清者，虽远必赔！
康熙·玄烨
你说什么？！
康熙·玄烨
慈禧
割地赔款，可不是我开的头！
宣统·溥仪
甲午战争失败，跟日本签订《马关条约》，你怕是赔得更多吧！
慈禧
你闭嘴行吗？

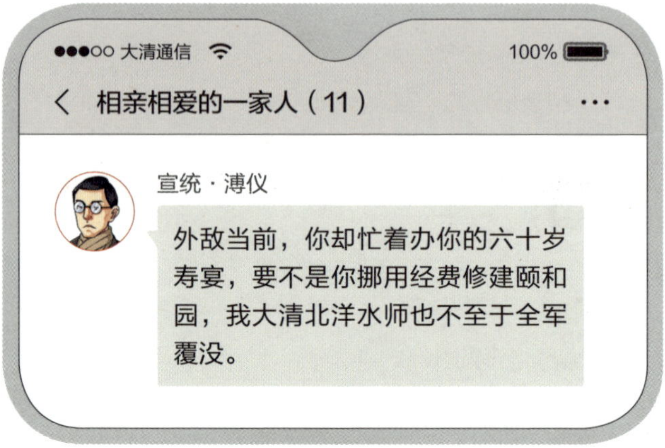

敲黑板

道光帝旻宁十五岁时大婚，二十七岁时才有了自己的第一个孩子。

中日甲午战争爆发于光绪二十年（1894年），这是日本在明治维新后发展资本主义，向外侵略扩张的一战。1894年，朝鲜爆发东学党起义，朝鲜的统治者请清廷派兵镇压，日本政府先是假意怂恿清朝出兵，后来又以清朝出兵为借口，也派兵进入朝鲜。而后日方蓄意挑起了中日之间的战争，因为1894年是甲午年，所以这一战叫作“甲午战争”。

甲午战争以中国战败告终。清朝与日本签订了《马关条约》，条约规定中国向日本赔款二亿两白银，割让中国的大片领地给日本，允许外国人在中国通商口岸自由开办工厂等。

北洋舰队是清末的一支海军舰队，成立于光绪十四年（1888年）。这支舰队曾经实力雄厚，但在中日甲午海战中全军覆没。

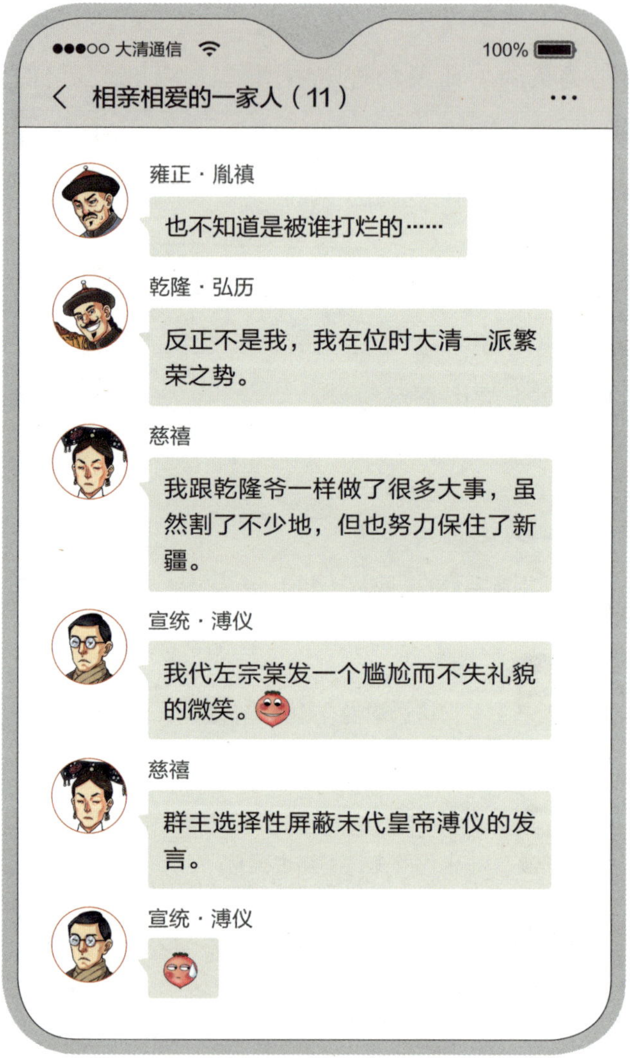
●●●○○ 大清通信
100%
相亲相爱的一家人（11）
雍正 · 胤禛
也不知道是被谁打烂的……
乾隆 · 弘历
反正不是我，我在位时大清一派繁荣之势。
慈禧
我跟乾隆爷一样做了很多大事，虽然割了不少地，但也努力保住了新疆。
宣统 · 溥仪
我代左宗棠发一个尴尬而不失礼貌的微笑。
慈禧
群主选择性屏蔽末代皇帝溥仪的发言。
宣统 · 溥仪

敲黑板

左宗棠是晚清的名臣，湖南湘阴人。同治三年（1865年），浩罕汗国头目阿古柏入侵新疆，建立起一个“哲德沙尔汗国”，几年后俄国又霸占伊犁。光绪元年（1875年），六十四岁的左宗棠开始督办新疆军务，次年正式出兵，经过苦战，消灭了侵占新疆的阿古柏势力，取得胜利。

敲黑板

民国时期的军阀孙殿英为了筹措军饷资金，于1928年盗掘了乾隆帝和慈禧太后的墓。

洋务运动是清政府为了挽救统治危机而开展的一场以“自强”“求富”为口号的自救运动。

洋务派的代表人物有恭亲王奕訢、张之洞、李鸿章等，他们大规模引进了西方科技，兴办军事工业和民用企业，注重培养新式人才。

但是，由于国际环境的影响和洋务派自身的局限性，洋务运动最终惨淡收场。甲午战争中，洋务派大力经营的北洋舰队全军覆没，洋务运动宣告破产。

肆

九子夺嫡当事人辟谣：

“我真的没有改遗诏！”

●●●○○ 大清通信
100%
相亲相爱的一家人（12）
“康熙 · 玄烨”邀请“孝庄文皇后”加入群聊
康熙 · 玄烨
热烈欢迎孝庄老祖宗加入群聊。
乾隆 · 弘历
老祖宗好。
雍正 · 胤禛
祖奶奶好。
顺治 · 福临
妈妈好。
孝庄文皇后
爱新觉罗的子孙们，大家好。
睿亲王 · 多尔衮
你终于肯进来了。
顺治 · 福临
我爸在群里呢，你离我妈远一点。@睿亲王 · 多尔衮

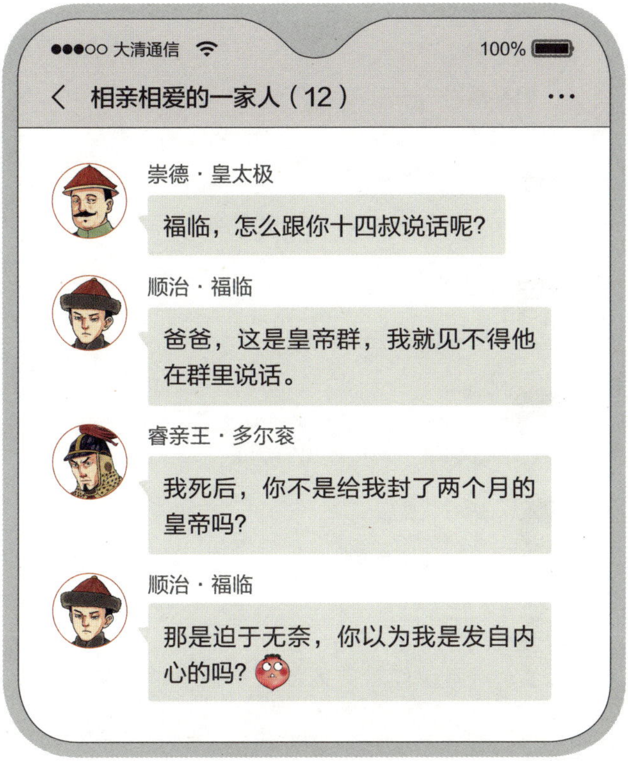

敲黑板

多尔衮死后，顺治帝追封他为“清成宗”，但两个月后又剥夺了这一封号。

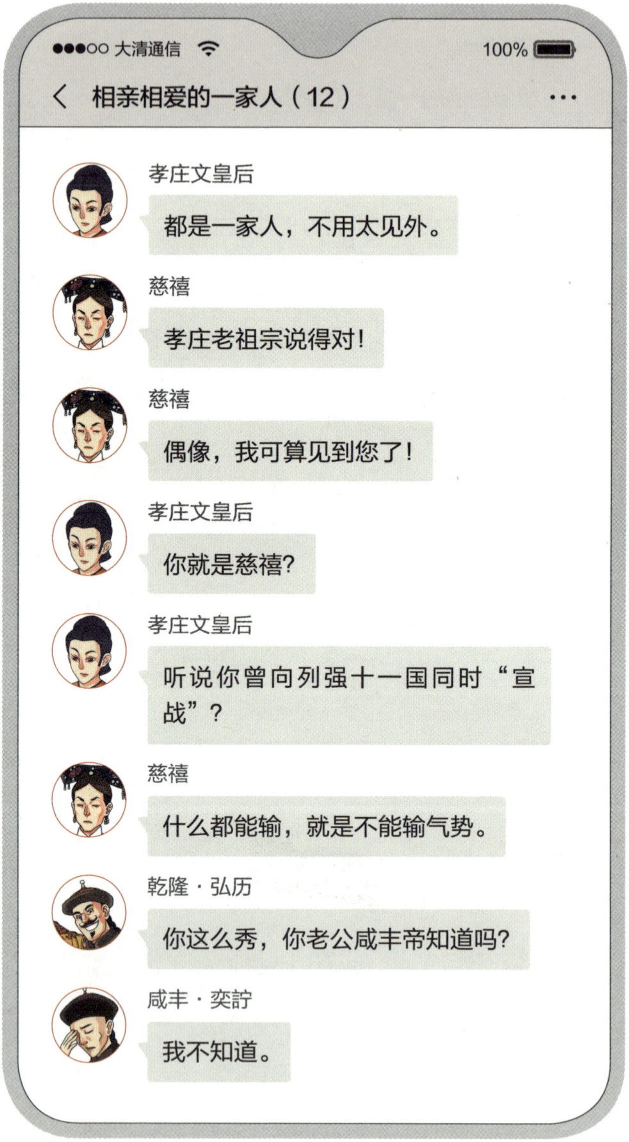
●●●○○ 大清通信
100%
相亲相爱的一家人（12）
孝庄文皇后
都是一家人，不用太见外。
慈禧
孝庄老祖宗说得对！
慈禧
偶像，我可算见到您了！
孝庄文皇后
你就是慈禧？
孝庄文皇后
听说你曾向列强十一国同时“宣战”？
慈禧
什么都能输，就是不能输气势。
乾隆·弘历
你这么秀，你老公咸丰帝知道吗？
咸丰·奕詝
我不知道。

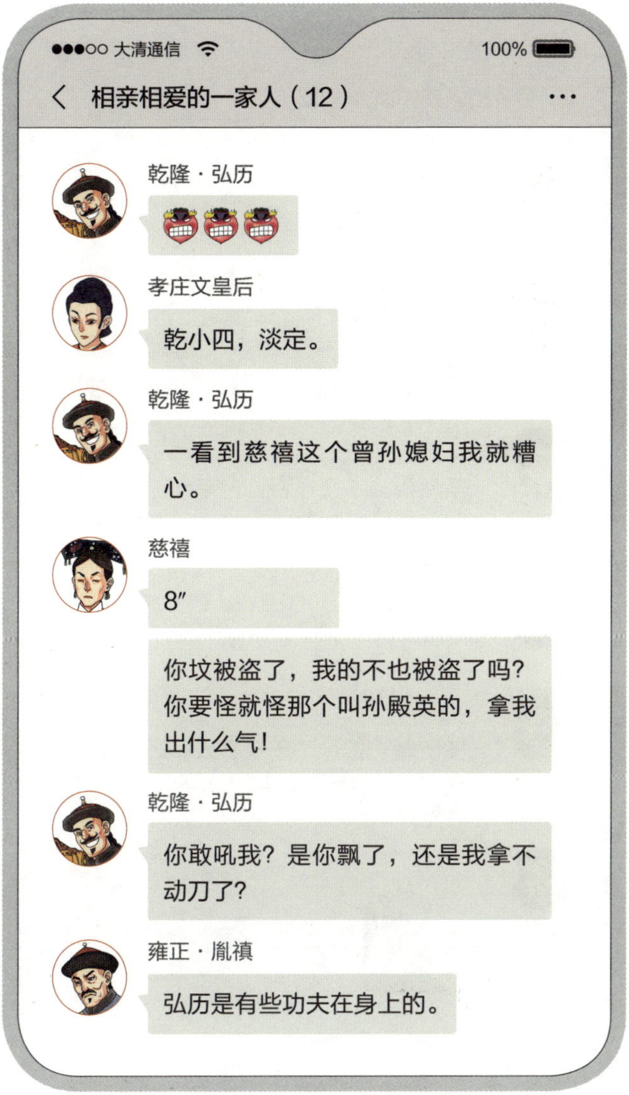
●●●○○ 大清通信
100%
相亲相爱的一家人（12）
乾隆 · 弘历
孝庄文皇后
乾小四，淡定。
乾隆 · 弘历
一看到慈禧这个曾孙媳妇我就糟心。
慈禧
8″
你坟被盗了，我的不也被盗了吗？你要怪就怪那个叫孙殿英的，拿我出什么气！
乾隆 · 弘历
你敢吼我？是你飘了，还是我拿不动刀了？
雍正 · 胤禛
弘历是有些功夫在身上的。

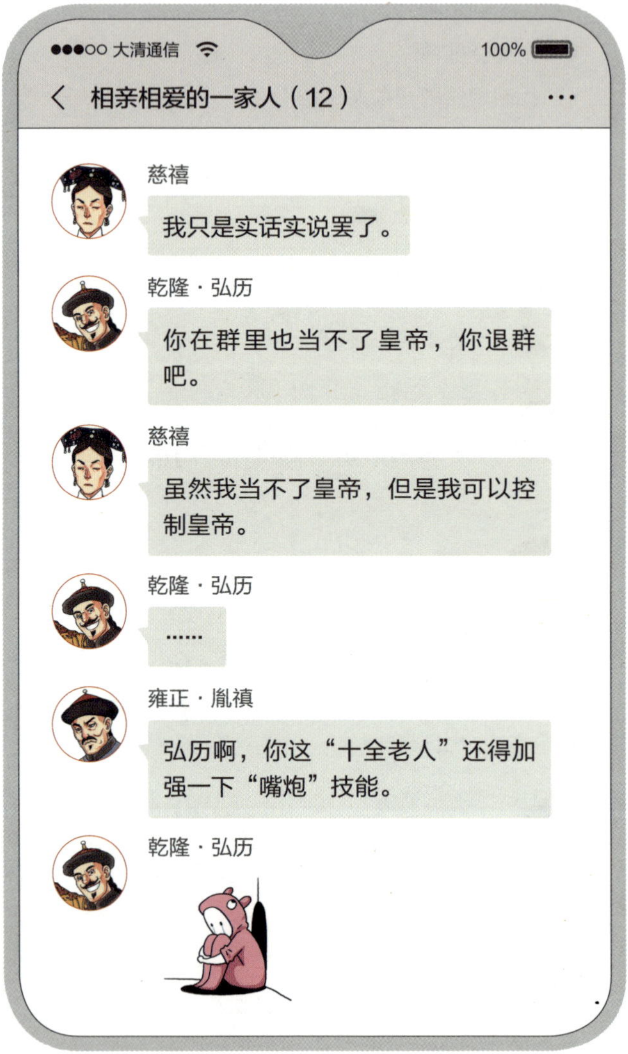
●●●○○ 大清通信
100%
相亲相爱的一家人（12）
慈禧
我只是实话实说罢了。
乾隆 · 弘历
你在群里也当不了皇帝，你退群吧。
慈禧
虽然我当不了皇帝，但是我可以控制皇帝。
乾隆 · 弘历
……
雍正 · 胤禛
弘历啊，你这“十全老人”还得加强一下“嘴炮”技能。
乾隆 · 弘历

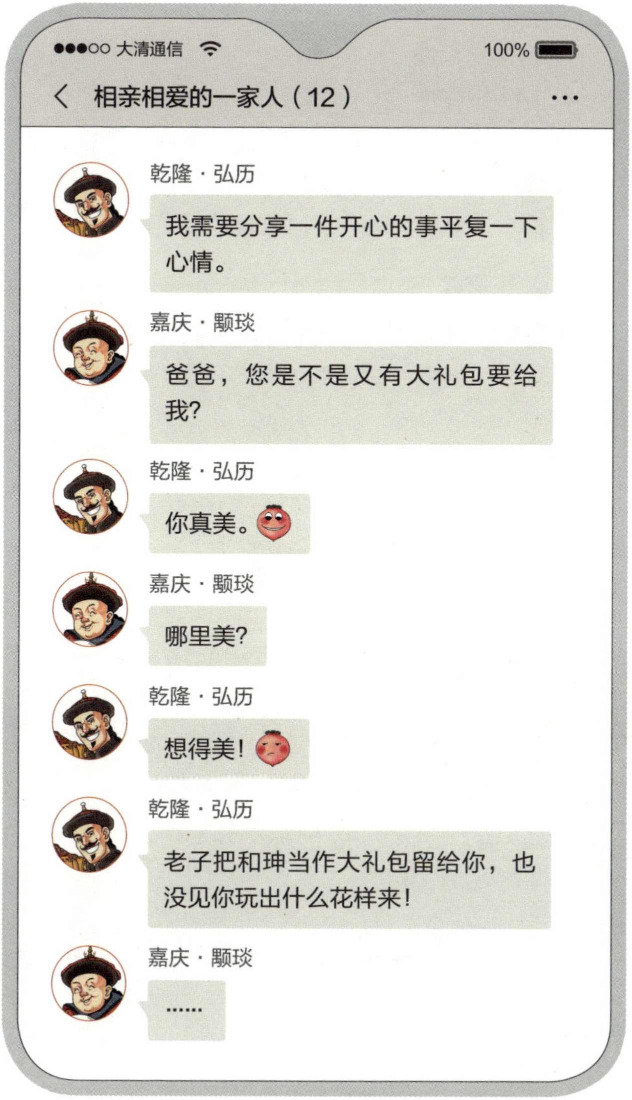
●●●○○ 大清通信
100%
相亲相爱的一家人（12）
乾隆·弘历
我需要分享一件开心的事平复一下心情。
嘉庆·颙琰
爸爸，您是不是又有大礼包要给我？
乾隆·弘历
你真美。
嘉庆·颙琰
哪里美？
乾隆·弘历
想得美！
乾隆·弘历
老子把和珅当作大礼包留给你，也没见你玩出什么花样来！
嘉庆·颙琰
……

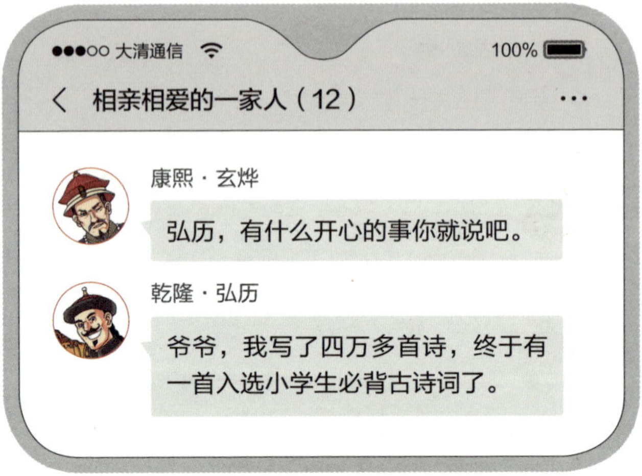

敲黑板

乾隆帝热爱作诗，一生创作的诗大概有四万多首，虽然量很大，但并没有什么佳作，钱钟书先生曾抨击乾隆的诗“语助拖沓，令人作呕”。据说，乾隆帝还经常让手下的文臣捉刀代笔。

几务之暇，无他可娱，往往作为诗、古文、赋。

——《御制诗初集》

*《御制诗初集》是乾隆帝的文集。

●●●○○ 大清通信 100%

相亲相爱的一家人（12）

康熙·玄烨

乾隆·弘历

9″

一片一片又一片，两片三片四五片。六片七片八九片，飞入芦花都不见。

康熙·玄烨

据我所知最后一句还是大臣代笔。

乾隆·弘历

呃，代笔不代笔的不重要，重要的是入选了。

雍正·胤禛

小学生最喜欢这首，不因为别的，关键是好背。

慈禧

小孩觉得诗好背，可作者名字太难背。

●●●○○ 大清通信 100%

〈 相亲相爱的一家人（12） …

乾隆·弘历

你闭嘴吧，我的“爱新觉罗”可比你的“叶赫那拉”好记多了。

慈禧

🙃

睿亲王·多尔衮

@孝庄文皇后 你要是觉得群里吵，咱们可以私聊。

孝庄文皇后

……

崇德·皇太极

十四弟，我的大度是有限度的。

睿亲王·多尔衮

我的忍耐也是有限度的。

孝庄文皇后

你俩注意一点好不好？@崇德·皇太极 @睿亲王·多尔衮

●●●○○ 大清通信　　100%

相亲相爱的一家人（12）

睿亲王 · 多尔衮

不好。今天大家都在，我就跟四哥好好唠一唠以前的账。

乾隆 · 弘历

快搬小板凳，上瓜子。

乾隆 · 弘历

崇德 · 皇太极

……

睿亲王 · 多尔衮

当初父汗本想传位于我，是四哥他逼死我母亲，修改了父汗的遗命。

崇德 · 皇太极

一派胡言！

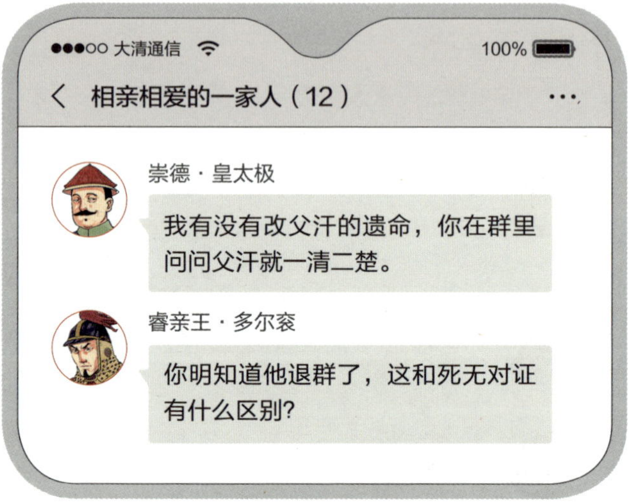

敲黑板

《清史稿》中说“太祖（指努尔哈赤）崩，储嗣未定。代善与其子岳讬、萨哈廉以上（指皇太极）才德冠世，与诸贝勒议请嗣位。上辞再三，久之乃许”。由此可推知，努尔哈赤去世时并没有明确的遗诏宣布传位给谁。而在乾隆年间的史学家蒋良骐所编的《东华录》中，记载了多尔衮曾抱怨“太宗文皇帝（指皇太极）之位原系夺立”。但多尔衮抱怨的内容到底是不是事实，还是一个谜。

●●●○○ 大清通信
100%
相亲相爱的一家人（12）
慈禧
说起改遗诏，雍正爷不出来说两句吗?
雍正 · 胤禛
雍正 · 胤禛
你怕是电视剧看多了吧?
雍正 · 胤禛
我爸就在群里，我有没有改遗诏，一问就知道。
雍正 · 胤禛
爸爸，你告诉他们，我没有改遗诏！
雍正 · 胤禛
爸爸，你怎么不说话?

●●●○○ 大清通信
100%
相亲相爱的一家人（12）
雍正 · 胤禛
爸爸，如果你被绑架了，你就发个“1”。
康熙 · 玄烨
天机不可泄露。
雍正 · 胤禛
……
乾隆 · 弘历
坊间传言，说我爸爸把“传位十四子”改成“传位于四子”，简直是胡说八道！
乾隆 · 弘历
要知道“十”和“于”在满文中写法是不一样的，而且“于”在古代写作“於”！
雍正 · 胤禛
好样的，爸爸爱你！@乾隆 · 弘历
乾隆 · 弘历
爸爸过奖了！

敲黑板

关于雍正的继位，民间流传最广的一个说法是，康熙帝临终前的诏谕本是“传位十四子”，但被四皇子一派的人改为“传位于四子”，这个说法是漏洞百出的。除了“十”和“于”在满文中写法不同、当时的“于”也可写作“於”外，正确的行文规范应为“传位于皇四子”，如果真的篡改了“十”字，原诏书就会变成“传位十皇四子”，这显然是不可能的。

尽管民间流传的这个说法不成立，但雍正的继位确实存在疑点，在当时就引发了许多关于他“得国不正”的猜测与讨论，这也成为横亘在雍正心中的一根刺。

●●●○○ 大清通信　　100%

相亲相爱的一家人（12）

孝庄文皇后

我翻了下群成员，怎么不见道光、同治二帝？

乾隆·弘历

可能是没脸进群吧。

孝庄文皇后

大清十二帝就要整整齐齐地在一起。

慈禧

偶像说什么都是对的。安排！

慈禧

话说您啥时候通过一下我的好友申请？

孝庄文皇后

不喜欢单聊，有事群里说就行。

慈禧

我想向您学习。

敲黑板

孝庄对孙子玄烨的支持无微不至。三藩之乱时，孝庄顾念将士辛苦，还曾把宫里的钱物犒赏给他们。

吴三桂乱作，频年用兵，太后念从征将士劳

苦，发宫中金帛加犒。闻各省有偏灾，辄发帑赈恤。

——《清史稿》

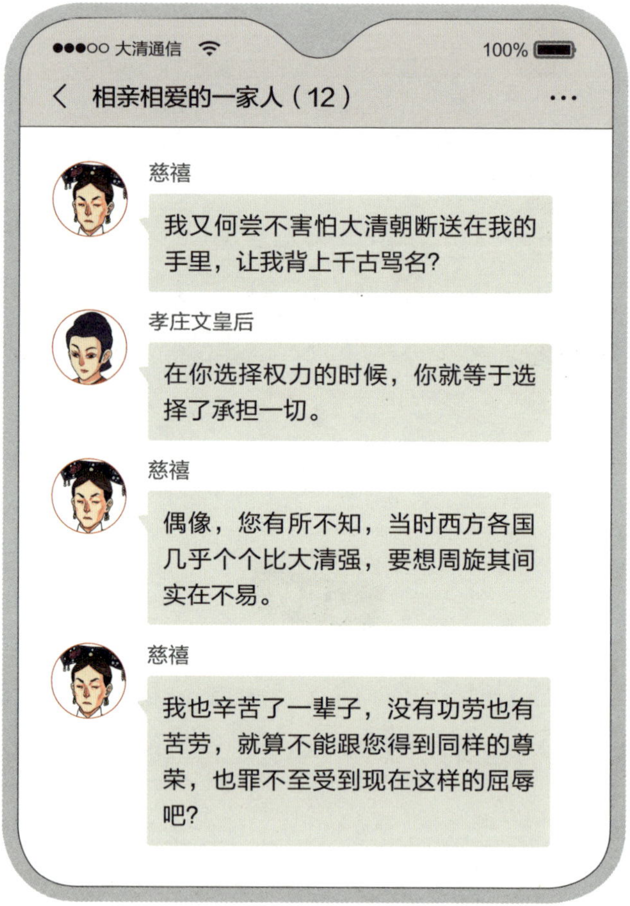

敲黑板

慈禧太后是晚清政坛的权力核心。咸丰十一年（1861年）咸丰帝驾崩后，慈禧与慈安、恭亲王奕訢共同把控了权力，形成“太后垂帘，亲王辅政”的局面，之后随着慈安的去世、恭亲王奕訢的被排挤，慈禧太后逐渐独揽大权，一直持续到光绪三十四年（1908年）她去世。

●●●○○ 大清通信　100%

相亲相爱的一家人（12）

顺治·福临

就算我妈生活在你那个年代，她会在大清风雨飘摇的关头，依然只顾自己享受，铺张、奢靡吗？

雍正·胤禛

在挥霍这方面，弘历倒是可与慈禧一战。

乾隆·弘历

乾隆·弘历

爸爸，现在是一起“怼”慈禧，你cue我干吗？

雍正·胤禛

我还没说完呢。

雍正·胤禛

虽然我儿弘历也挥霍，但毕竟他爸爸是我，他爷爷是康熙，他接手的是我们留下的基业。

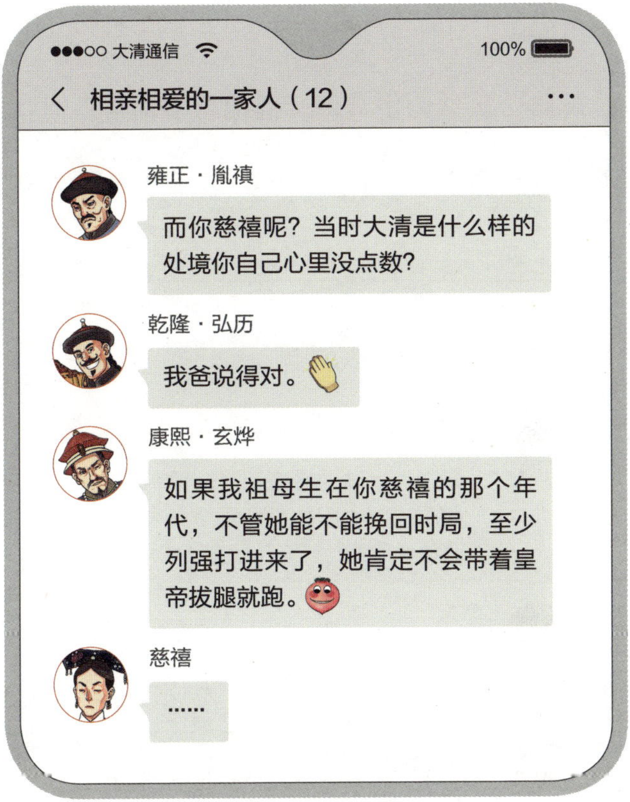

敲黑板

为了筹备自己的六十大寿，慈禧太后大兴土木、耗费了众多人力物力，即使当时国家已经到了内外交困的境地，慈禧仍不愿亏待自己。这与孝庄带头拿出宫中财物犒赏将士的行为形成了鲜明对比。

🔊 乾隆帝虽然力主节俭，但他行事却常常铺张、奢华，排场很大。

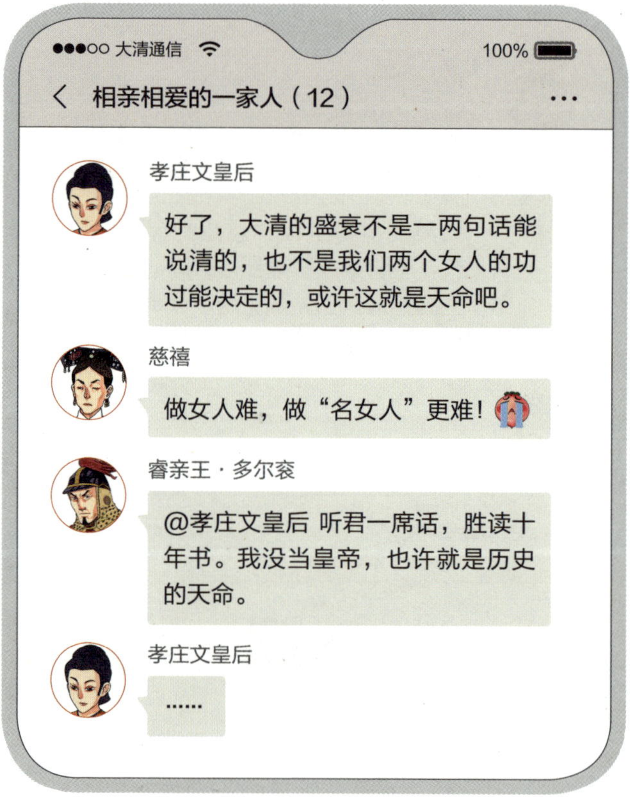

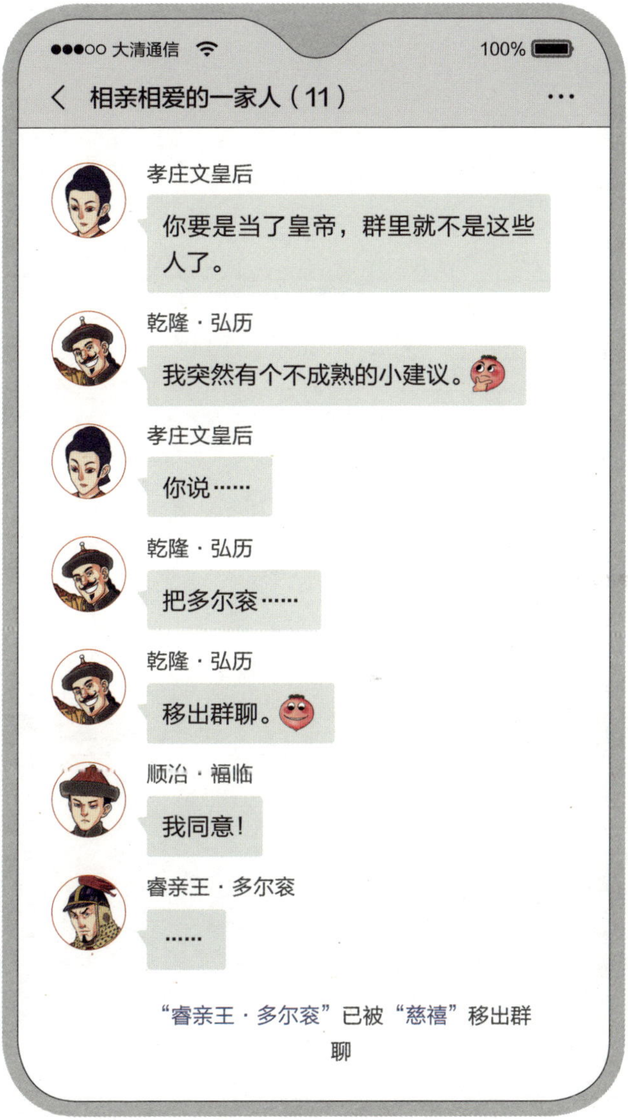
●●●○○ 大清通信
100%
相亲相爱的一家人（11）
孝庄文皇后
你要是当了皇帝，群里就不是这些人了。
乾隆·弘历
我突然有个不成熟的小建议。
孝庄文皇后
你说……
乾隆·弘历
把多尔衮……
乾隆·弘历
移出群聊。
顺治·福临
我同意！
睿亲王·多尔衮
……
"睿亲王·多尔衮"已被"慈禧"移出群聊

伍

乾隆帝“暴打”慈禧：

获全体群成员支持

●●●○○ 大清通信　　100%

相亲相爱的一家人（12）

乾隆·弘历

溥仪这小子最近怎么没说话，干吗去了？

宣统·溥仪

乾隆帝，我来了。

乾隆·弘历

上次我们一起“怼”慈禧，你不在，真是错过了一场好戏啊。

宣统·溥仪

大水冲了龙王庙，自家人打自家人，厉害。👏

慈禧

又想被踢出群了是吧？

“宣统·溥仪”邀请“天命·努尔哈赤”加入群聊

天命·努尔哈赤

我看谁敢踢我爱新觉罗的子孙！

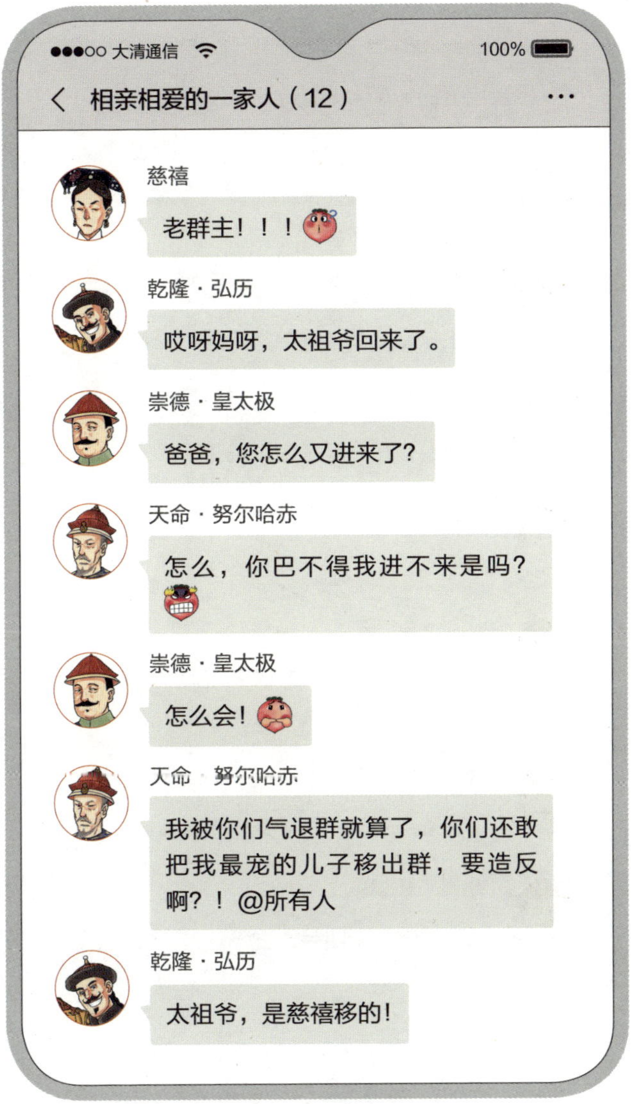
●●●○○ 大清通信
100%
相亲相爱的一家人（12）
慈禧
老群主！！！
乾隆・弘历
哎呀妈呀，太祖爷回来了。
崇德・皇太极
爸爸，您怎么又进来了？
天命・努尔哈赤
怎么，你巴不得我进不来是吗？
崇德・皇太极
怎么会！
天命・努尔哈赤
我被你们气退群就算了，你们还敢把我最宠的儿子移出群，要造反啊？！@所有人
乾隆・弘历
太祖爷，是慈禧移的！

●●●○○ 大清通信
100%
相亲相爱的一家人（13）
慈禧
慈禧
不是乾隆爷你提的建议吗?
乾隆·弘历
我没有！一定是你眼睛花了！
慈禧
……
天命·努尔哈赤
不管是谁，踢多尔衮就是跟我作对。
崇德·皇太极
爸爸别生气，气坏身体无人替。
崇德·皇太极
我这就把十四弟拉进来。
“崇德·皇太极”邀请“睿亲王·多尔衮”加入群聊

●●●○○ 大清通信
100%
相亲相爱的一家人（13）
睿亲王 · 多尔衮
爸爸，我进来了。@天命 · 努尔哈赤
天命 · 努尔哈赤
衮衮宝宝，你受委屈了。
乾隆 · 弘历
没事没事，我这就把慈禧再骂一顿。
慈禧
……
天命 · 努尔哈赤
就你一天天在群里蹦跶。@乾隆 · 弘历
乾隆 · 弘历
……
康熙 · 玄烨
太爷爷，弘历他还是个孩子。

●●●○○ 大清通信
100%
相亲相爱的一家人（13）
天命・努尔哈赤
呵呵。
乾隆・弘历
嘤嘤嘤，弘历委屈。
康熙・玄烨
太爷爷您就别说弘历了。
乾隆・弘历
世上只有爷爷好！
雍正・胤禛
乾隆・弘历
爸爸也好！
天命・努尔哈赤
哼！
天命・努尔哈赤
多尔衮为了大清鞠躬尽瘁，没有他就没有大清初期的安稳！

●●●○○ 大清通信
100%
相亲相爱的一家人（13）
天命 · 努尔哈赤
他打破明朝的铜墙铁壁，辅佐福临入主中原；追杀南明小朝廷以绝后患；兵不血刃收服吴三桂、耿仲明、尚可喜。
天命 · 努尔哈赤
他立下赫赫战功，你们有什么资格欺负他？
乾隆 · 弘历
太祖爷说的是，所以我后来帮多尔衮平反了。
顺治 · 福临
他是收服了吴三桂，可是也把我儿子坑惨了……
康熙 · 玄烨
唉，爸爸莫提。太祖爷说什么都是对的！
天命 · 努尔哈赤
不说不知道，一说吓一跳。我怎么能生出衮衮这么优秀的儿子。

●●●○○ 大清通信　100%

相亲相爱的一家人（13）

顺治·福临

爷爷岔开话题的本事真是一流。

天命·努尔哈赤

你说什么，你皮又痒了是吧？

顺治·福临

爷爷，我爸也是您的亲儿子，您在群里怎么总是向着十四叔一人？

天命·努尔哈赤

怎么，你还要管我是不是雨露均沾啊？

顺治·福临

孙子不敢。

天命·努尔哈赤

衮衮为了你妈，禅让帝位，扶你上位。你却刨他坟、鞭他尸，你就没有一点羞愧吗？

顺治·福临

●●●○○ 大清通信
100%
相亲相爱的一家人（12）
顺治 · 福临
爷爷，您说的是野史吧？！
天命 · 努尔哈赤
……
崇德 · 皇太极
爸爸，福临他……也还是个孩子。
天命 · 努尔哈赤
你闭嘴，你们一家三口都有负多尔衮。
“孝庄文皇后”退出群聊
慈禧
不好，我爱豆退出了群聊，我还没加上好友呢。
乾隆 · 弘历
整天爱豆长爱豆短的，你看人家搭理你吗？

●●●○○ 大清通信　100%

相亲相爱的一家人（13）　…

慈禧

她辅佐两代君主，我辅佐三代君主，学习偶像有错吗？

宣统·溥仪

让你模仿，可没让你超越。

乾隆·弘历

在个数上你确实超越了孝庄文皇后。

慈禧

……

“同治·载淳”通过“光绪·载湉”分享的二维码加入群聊

乾隆·弘历

哎呀妈呀，同治、光绪、宣统“大清boys”齐了。

同治·载淳

新人爱新觉罗·载淳报到，各位皇帝万岁万岁万万岁！

●●●○○ 大清通信　　100%

〈　相亲相爱的一家人（13）　…

宣统·溥仪

只活到十九岁的你还喊万岁也是没谁了！

同治·载淳

雍正·胤禛

有传闻说你是得花柳病而死的？
@同治·载淳

雍正·胤禛

你真是比弘历还放飞自我。

乾隆·弘历

……爸爸，我现在有点怀疑我到底是不是您亲生的了。

雍正·胤禛

●●●○○ 大清通信　　100%

相亲相爱的一家人（13）

雍正·胤禛

说起来，肃顺等八位顾命大臣拟定的“祺祥”年号多好，为何改用“同治”年号?

宣统·溥仪

还不是老妖婆慈禧听了大学士周祖培的奏议，说同治寓有两宫太后临朝同治之意。

慈禧

请注意你的措辞。

慈禧

要知道你一生当了三次皇帝，是我让你当了第一次的真皇帝。

宣统·溥仪

让我当皇帝，还不是因为同治、光绪二帝都无子嗣。

慈禧

那你也该有颗感恩的心。

敲黑板

同治帝载淳六岁登基，在位十三年，死时还不满二十岁，他的死是一个疑案。同治帝的死因主要有三种说法：天花、梅毒以及二者皆俱。而依据《万岁爷天花喜进药用药底簿》中的记载，他死于天花的可能性比较大。

咸丰帝驾崩后，顾命大臣为载淳拟定的年号本是祺祥，但慈禧等人很快发动“辛酉政变”夺权，将年号改为“同治”，有共同治理之意。

庚申，诏改祺祥为同治。

——《清史稿》

溥仪三岁时第一次登基，在位时间是1909年—1912年。

第二次登基在1917年，张勋借“府院之争”（北洋政府统治时期“总统府”与“国务院”之间的斗争）进军北京，自导自演了复辟闹剧，这一次溥仪仅仅做了12天皇帝。

第三次登基是在1934年，他在日本人的帮助下建立了满洲国伪政权，年号康德，他的第三段“皇帝”生涯持续到了1945年。

●●●○○ 大清通信
100%
相亲相爱的一家人（13）
康熙·玄烨
哎呀，还不如不说，我好像更乱了！
康熙·玄烨
你们继续聊，我得慢慢捋捋！
慈禧
还是我来给康熙爷解释吧。
慈禧
同治帝是我和咸丰帝唯一的儿子。
慈禧
咸丰帝又和光绪帝的爹醇亲王是亲兄弟，所以光绪帝和同治帝是堂兄弟，也就说，光绪帝应该叫我伯母。
康熙·玄烨
嗯，有点头绪了！

●●●○○ 大清通信
100%
相亲相爱的一家人（13）
慈禧
而光绪帝的妈也是我的亲妹妹，所以光绪帝和同治帝又是表兄弟，他又可以叫我姨妈。
慈禧

敲黑板

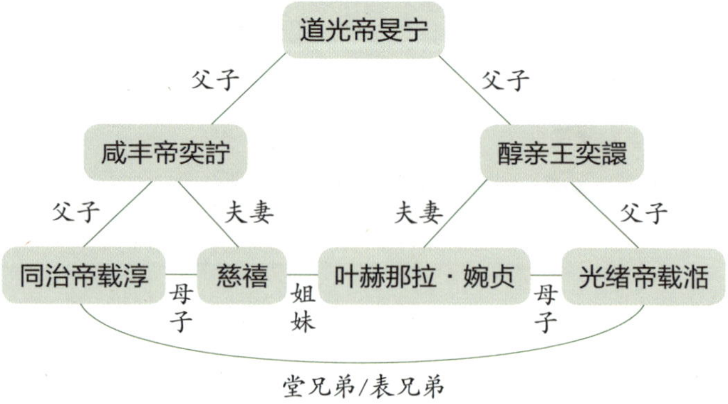
道光帝旻宁
父子
父子
咸丰帝奕詝
醇亲王奕譞
父子
夫妻
夫妻
父子
同治帝载淳
母子
慈禧
姐妹
叶赫那拉·婉贞
母子
光绪帝载湉
堂兄弟/表兄弟

🔈　和硕醇亲王奕譞是道光帝的第七子。同治帝病死后没有留下子嗣，慈禧宣布由醇亲王奕譞的儿子、年仅四岁的载湉（也就是后来的光绪帝）继承帝位。

奕譞很清楚慈禧的为人和手段，接到懿旨后大为惶恐，在儿子登基后更是战战兢兢、小心谨慎，并请求免去自己的一切职务。

忽蒙懿旨下降，择定嗣皇帝，仓猝昏迷，罔知所措。

——《清史稿》

●●●○○ 大清通信
100%
相亲相爱的一家人（13）
康熙·玄烨
这又是什么情况?
宣统·溥仪
据说慈禧非常喜欢被人称作“老佛爷”，显得她很受尊崇。
慈禧
有何不可?
乾隆·弘历
你可拉倒吧，你就一劈柴胡同出来的北京大妈，还是镶蓝旗，嘚瑟个什么劲儿?
慈禧
母凭子贵，看我不顺眼你打我啊！
乾隆·弘历
你以为我不想?
宣统·溥仪
乾隆帝，我支持你。

●●●○○ 大清通信
100%
相亲相爱的一家人（13）
光绪·载湉
我也支持。
同治·载淳
……虽然她是我妈，但我也支持。
慈禧
疯了，你敢打我一下试试。
慈禧
0:05
慈禧
各位祖宗，乾隆爷真跑到我宫里打了我！
慈禧
有视频为证！@所有人
乾隆·弘历
哪，是她自己叫我打的，这不能怪我。

●●●○○ 大清通信
100%
相亲相爱的一家人（13）
康熙·玄烨
视频黑屏了，我什么都没看见。
雍正·胤禛
我也什么都没看见。
慈禧
爱新觉罗一家子都疯了！
慈禧
咸丰爷，你可得给我评评理。
雍正·胤禛
咸丰开启了勿扰模式。
慈禧
……

陆

节俭模范道光帝：

“现在退群还来得及吗？”

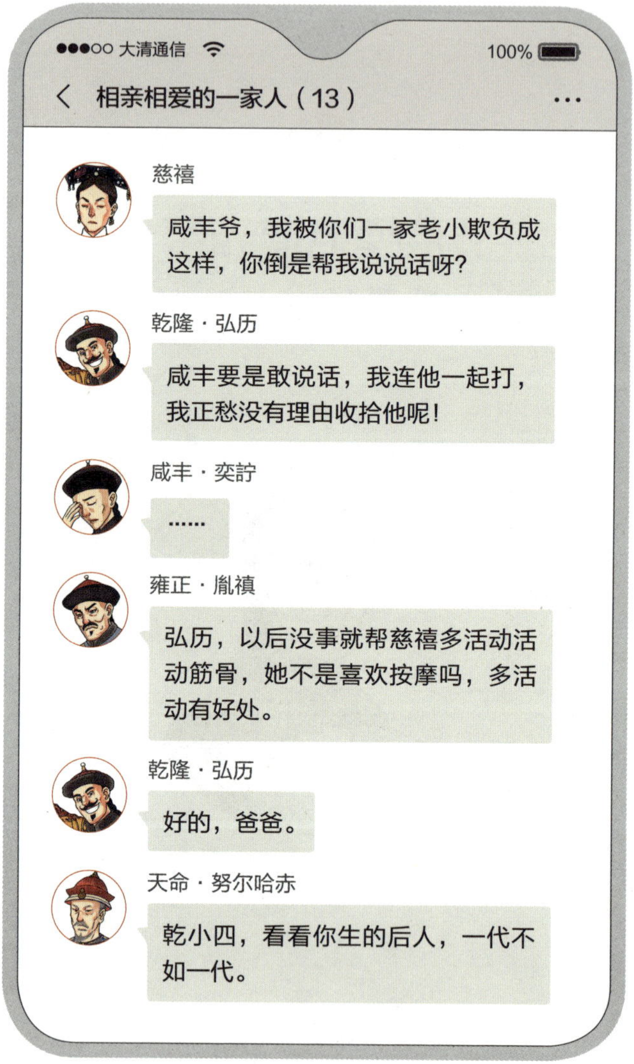
●●●○○ 大清通信
100%
相亲相爱的一家人（13）
慈禧
咸丰爷，我被你们一家老小欺负成这样，你倒是帮我说说话呀?
乾隆·弘历
咸丰要是敢说话，我连他一起打，我正愁没有理由收拾他呢！
咸丰·奕詝
……
雍正·胤禛
弘历，以后没事就帮慈禧多活动活动筋骨，她不是喜欢按摩吗，多活动有好处。
乾隆·弘历
好的，爸爸。
天命·努尔哈赤
乾小四，看看你生的后人，一代不如一代。

●●●○○ 大清通信
100%
相亲相爱的一家人（14）
乾隆 · 弘历
颙琰，看看你生的后人，一代不如一代。
嘉庆 · 颙琰
旻宁，看看你生的后人，一代不如一代。
咸丰 · 奕詝
爷爷，我爸爸还没进群呢。
嘉庆 · 颙琰
旻宁这小子搞什么啊，赶紧把他拉进来。
咸丰 · 奕詝
好的，爷爷。
"咸丰 · 奕詝"邀请"道光 · 旻宁"加入群聊
道光 · 旻宁
爱新觉罗 · 旻宁见过列祖列宗。

●●●○○ 大清通信 100%

相亲相爱的一家人（14）

乾隆·弘历

孙子欸，你可算进来了。你的网用的是2G的吗?

道光·旻宁

回爷爷话，我穷啊，兜里没银子换不起新手机。

乾隆·弘历

穷？在我的字典里就没有穷这个字。

宣统·溥仪

乾隆爷，你要知道“富不过三代”。

乾隆·弘历

胡说，慈禧还能吃上一百多道菜呢，这都隔多少代了。

道光·旻宁

可有鸡蛋?

慈禧

你猜!

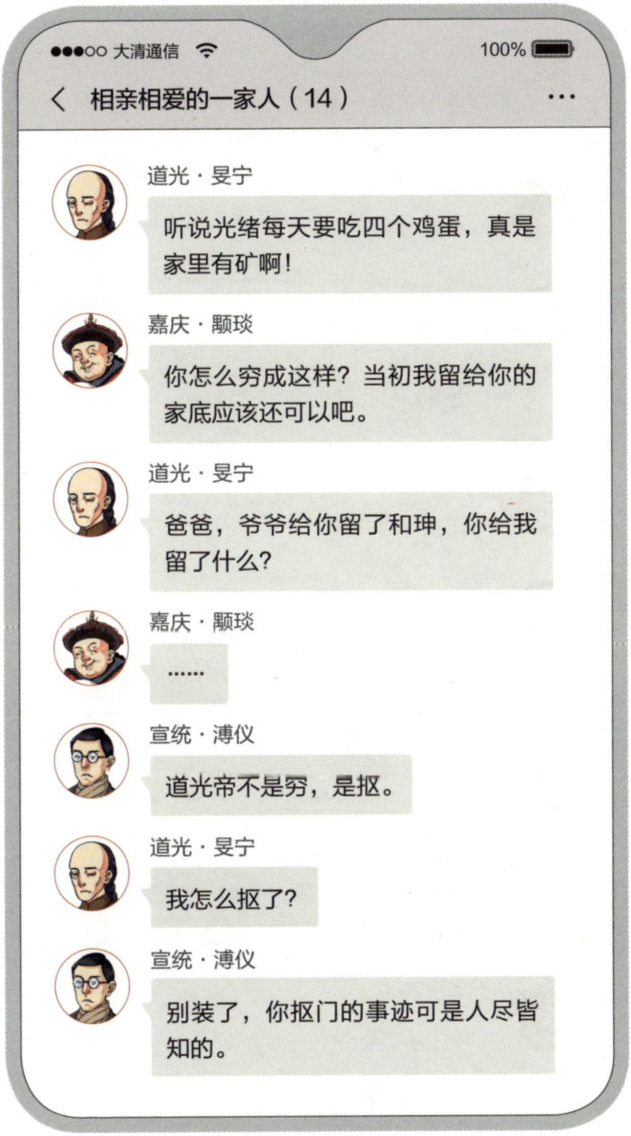
●●●○○ 大清通信
100%
相亲相爱的一家人（14）
道光 · 旻宁
听说光绪每天要吃四个鸡蛋，真是家里有矿啊！
嘉庆 · 颙琰
你怎么穷成这样？当初我留给你的家底应该还可以吧。
道光 · 旻宁
爸爸，爷爷给你留了和珅，你给我留了什么？
嘉庆 · 颙琰
……
宣统 · 溥仪
道光帝不是穷，是抠。
道光 · 旻宁
我怎么抠了？
宣统 · 溥仪
别装了，你抠门的事迹可是人尽皆知的。

●●●○○ 大清通信　100%

相亲相爱的一家人（14）

乾隆·弘历

看来又有瓜吃了。

乾隆·弘历

乾隆·弘历

溥仪，你继续。

宣统·溥仪

众所周知，咱们皇室向来花销巨大，就连我退位时，民国政府还承诺每年给我四百万银圆当退休金……

康熙·玄烨

10″

一想到大清亡了，我就……真的还想再活五百年！

雍正·胤禛

……不唱歌你还是我的好爸爸。

敲黑板

清末民初，为了完成政权的和平移交，民国政府与清政府协商了一套针对清朝皇室的优待条件，其中就有每年拨四百万两补助这一条。

第一款 大清皇帝辞位之后，尊号仍存不废，中华民国以待各外国君主之礼相待。

第二款 大清皇帝辞位之后，岁用四百万两，俟改铸新币后，改为四百万元。此款由中华民国拨用。

第三款 大清皇帝辞位之后，暂居宫禁，日后移居颐和园。侍卫人等，照常留用。

第四款 大清皇帝辞位之后，其宗庙、陵寝，永远奉祀，由中华民国酌设卫兵，妥慎保护。

……

——《清宣统政纪》

敲黑板

道光帝自诩“躬行节俭为天下先”，他颁布《御制声色货利谕》，提倡不要放纵、铺张，很多清朝人的笔记中也都写到过道光帝节俭的逸事，比如《满清外史》中有“道光衣非三浣不易”的说法。

嘉庆以后，武力不竞，纪纲败坏，教徒纷起，民不聊生。但仁宗之淳厚，宣宗之节俭，均有可称。

——《清代通史》

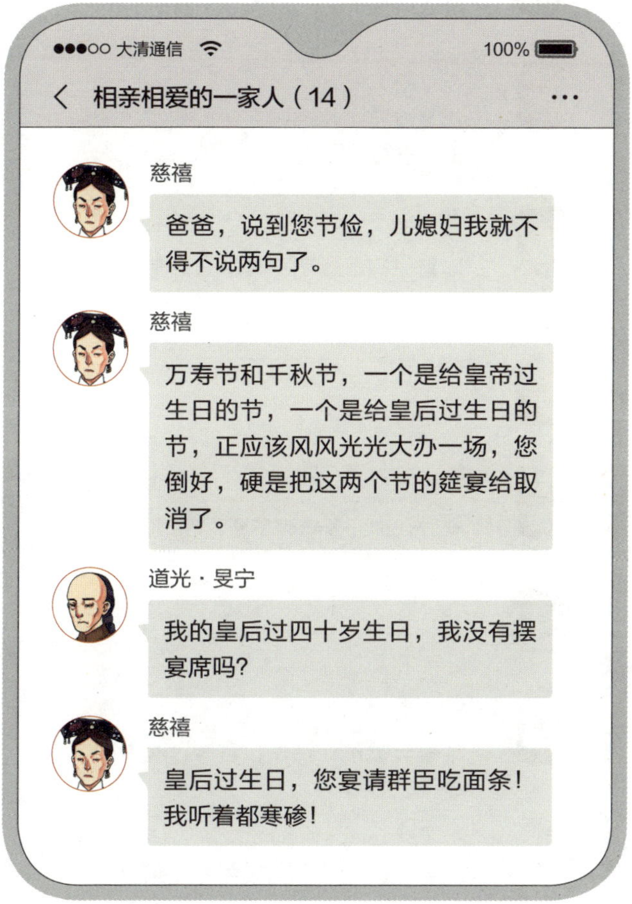

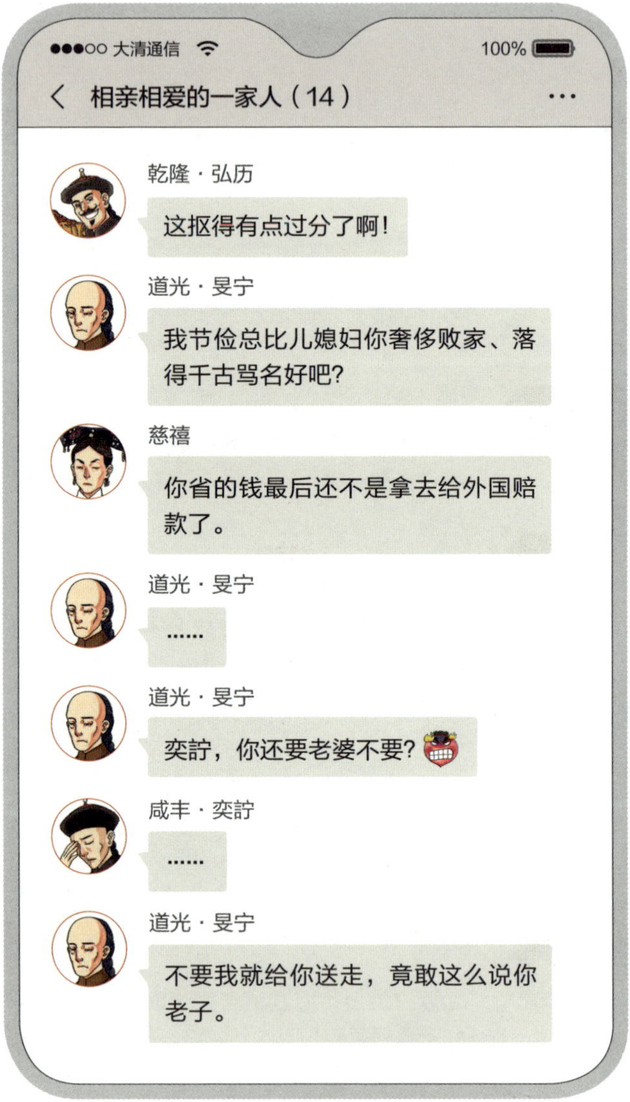
●●●○○ 大清通信
100%
相亲相爱的一家人（14）
乾隆・弘历
这抠得有点过分了啊！
道光・旻宁
我节俭总比儿媳妇你奢侈败家、落得千古骂名好吧？
慈禧
你省的钱最后还不是拿去给外国赔款了。
道光・旻宁
……
道光・旻宁
奕詝，你还要老婆不要？
咸丰・奕詝
……
道光・旻宁
不要我就给你送走，竟敢这么说你老子。

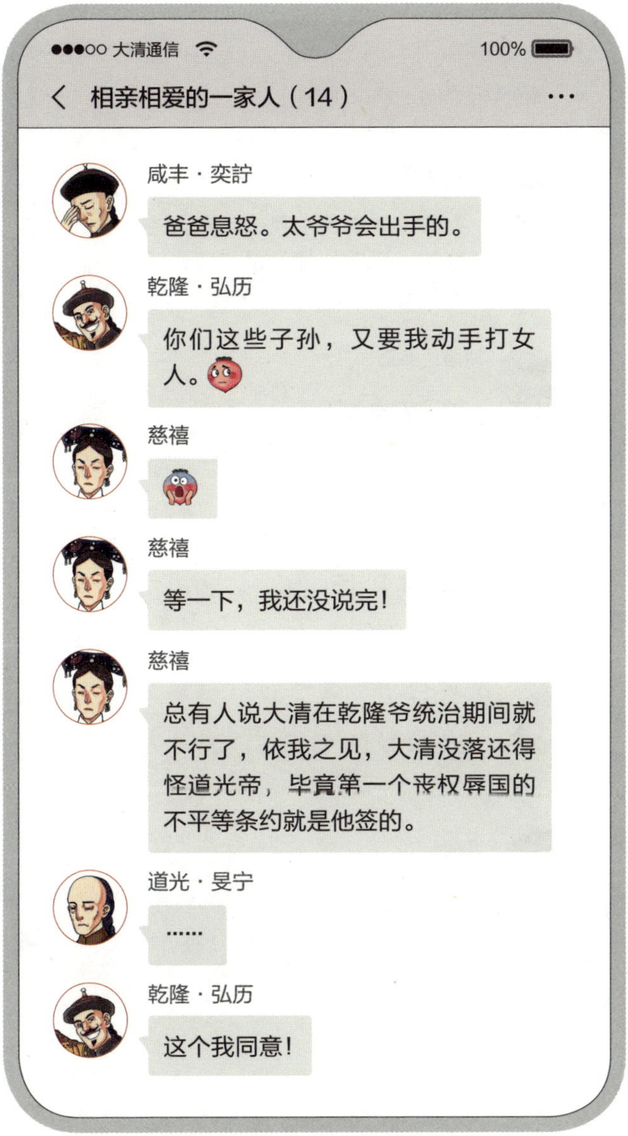
●●●○○ 大清通信
100%
相亲相爱的一家人（14）
咸丰·奕詝
爸爸息怒。太爷爷会出手的。
乾隆·弘历
你们这些子孙，又要我动手打女人。
慈禧
慈禧
等一下，我还没说完！
慈禧
总有人说大清在乾隆爷统治期间就不行了，依我之见，大清没落还得怪道光帝，毕竟第一个丧权辱国的不平等条约就是他签的。
道光·旻宁
……
乾隆·弘历
这个我同意！

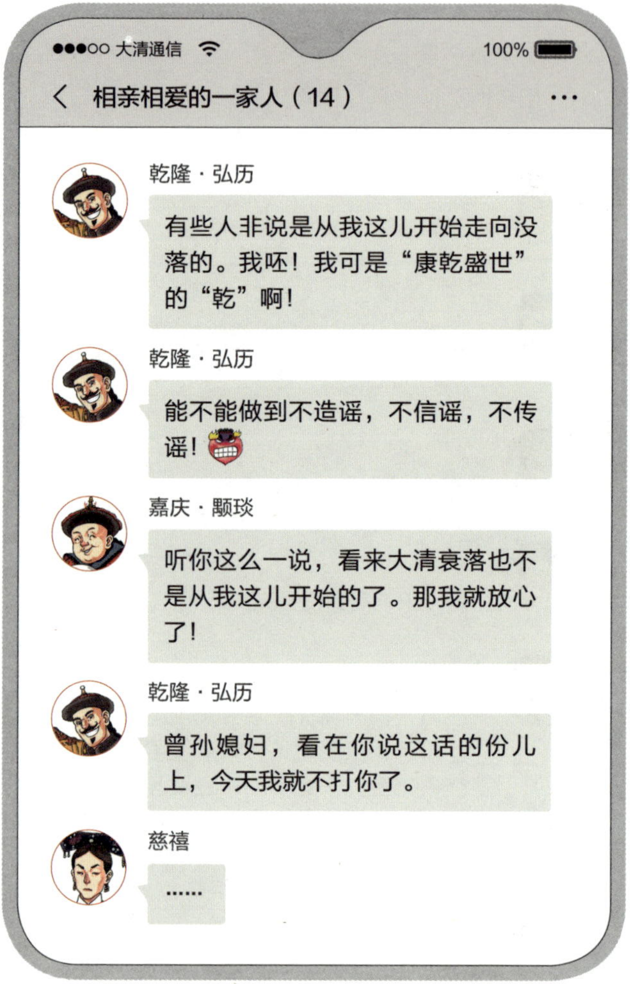
●●●○○ 大清通信
100%
相亲相爱的一家人（14）
乾隆·弘历
有些人非说是从我这儿开始走向没落的。我呸！我可是“康乾盛世”的“乾”啊！
乾隆·弘历
能不能做到不造谣，不信谣，不传谣！😡
嘉庆·颙琰
听你这么一说，看来大清衰落也不是从我这儿开始的了。那我就放心了！
乾隆·弘历
曾孙媳妇，看在你说这话的份儿上，今天我就不打你了。
慈禧
……

敲黑板

乾隆年间，西方社会发生了巨大变化，最具代表性的就是英国开始工业革命、美国发生独立战争以及法国爆发大革命。但清廷仍沉浸在“天朝上国”的迷梦里，对西方的变革和世界发展的浪潮缺乏清醒认识，正是这种傲慢与闭塞，导致清朝不可避免地走向没落。

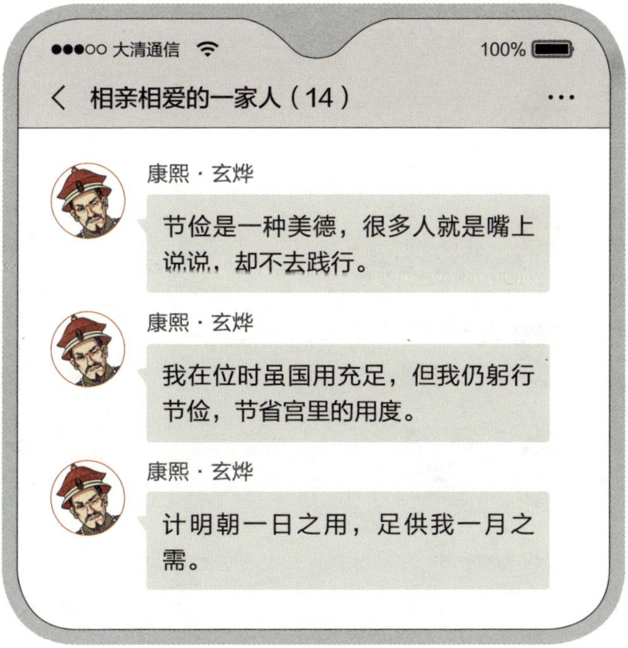

●●●○○ 大清通信
100%
相亲相爱的一家人（14）
乾隆 · 弘历
妈呀，这么一说，隔壁老朱家比我家还奢侈！
康熙 · 玄烨
••••••
康熙 · 玄烨
重点是我节俭，不要偏题。
顺治 · 福临
玄烨好样的。
康熙 · 玄烨
谢谢爸爸。
雍正 · 胤禛
向我爸爸学习。
康熙 · 玄烨

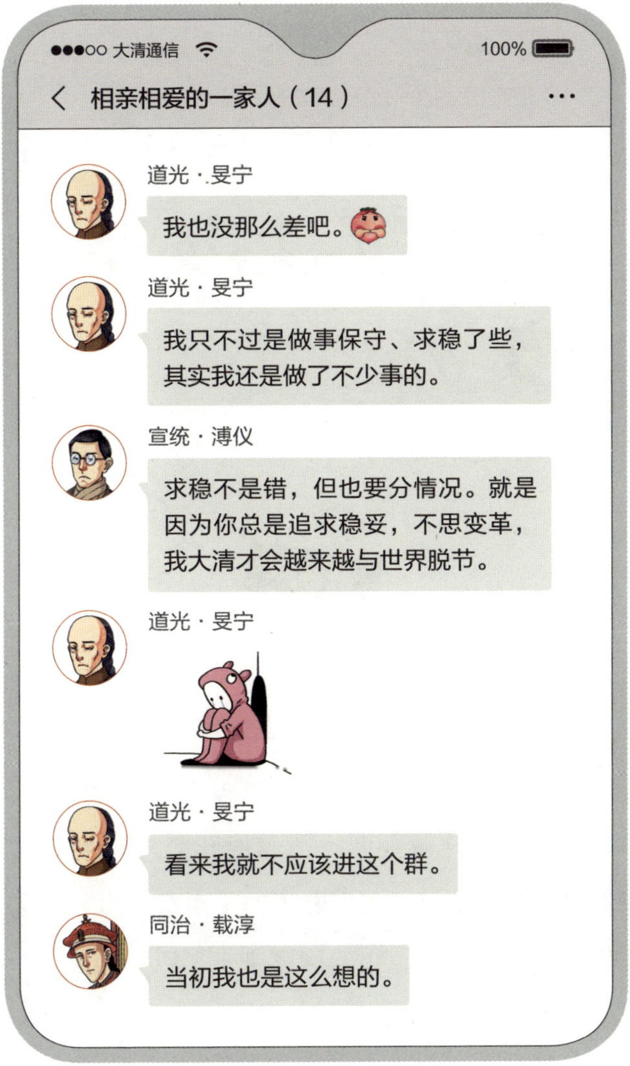
●●●○○ 大清通信
100%
相亲相爱的一家人（14）
道光 · 旻宁
我也没那么差吧。
道光 · 旻宁
我只不过是做事保守、求稳了些，其实我还是做了不少事的。
宣统 · 溥仪
求稳不是错，但也要分情况。就是因为你总是追求稳妥，不思变革，我大清才会越来越与世界脱节。
道光 · 旻宁
道光 · 旻宁
看来我就不应该进这个群。
同治 · 载淳
当初我也是这么想的。

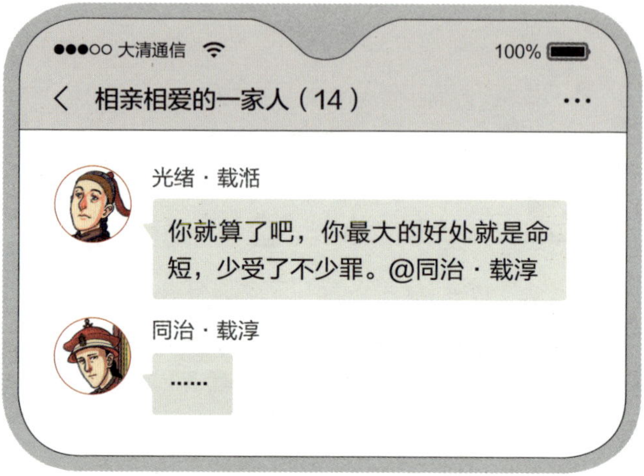

敲黑板

道光帝旻宁三十九岁登上皇位，在位三十年，虽然没有什么大的建树，但也确实做了不少事，比如整治贪腐、开通海运、平定张格尔叛乱等。然而，也是在他执政期间，清政府在鸦片战争中吃了败仗，与英国签订了丧权辱国的《南京条约》，这既催化了清朝的衰亡，也给国家带来了巨大的伤害。

柒

你为圆明园做过什么？咸丰帝：

瑟瑟发抖不敢说话

●●●○○ 大清通信 100%

相亲相爱的一家人（14）

乾隆·弘历

5″

难得我大清十二帝都在群里，让我们嗨起来！

睿亲王·多尔衮

加上我，大清十三帝，谢谢！

乾隆·弘历

4″

一起摇摆！

雍正·胤禛

你能不能消停一会儿，不要“坟头蹦迪”。

乾隆·弘历

……

顺治·福临

就是，还嫌你墓里的宝贝不够招摇吗？

●●●○○ 大清通信
100%
相亲相爱的一家人（14）
乾隆 · 弘历
欸，说到收藏宝贝，我乾隆认第二，谁敢认第一？
慈禧
乾隆 · 弘历
怎么，你不服啊？@慈禧
康熙 · 玄烨
在收藏方面，弘历还是很有话语权的。
乾隆 · 弘历
康熙 · 玄烨
毕竟弘历用来在书画作品上盖戳的印章就有上千方，更别提书画的数量了。
乾隆 · 弘历
爷爷说得对！

●●●○○ 大清通信
100%
相亲相爱的一家人（14）
乾隆·弘历
但是好像又有点怪怪的……
慈禧
你品，你细品！
乾隆·弘历
一天不打你，你又欠揍了是吧？
慈禧
……
宣统·溥仪
乾隆帝确实有不少罕见稀有、价值连城的宝贝，比如缂丝陀罗尼经被啊，九龙宝剑之类的。
乾隆·弘历
还是溥仪有眼光啊！
乾隆·弘历
就说我那缂丝陀罗尼经被吧，它的面料和制作工艺可都是当时顶级的。

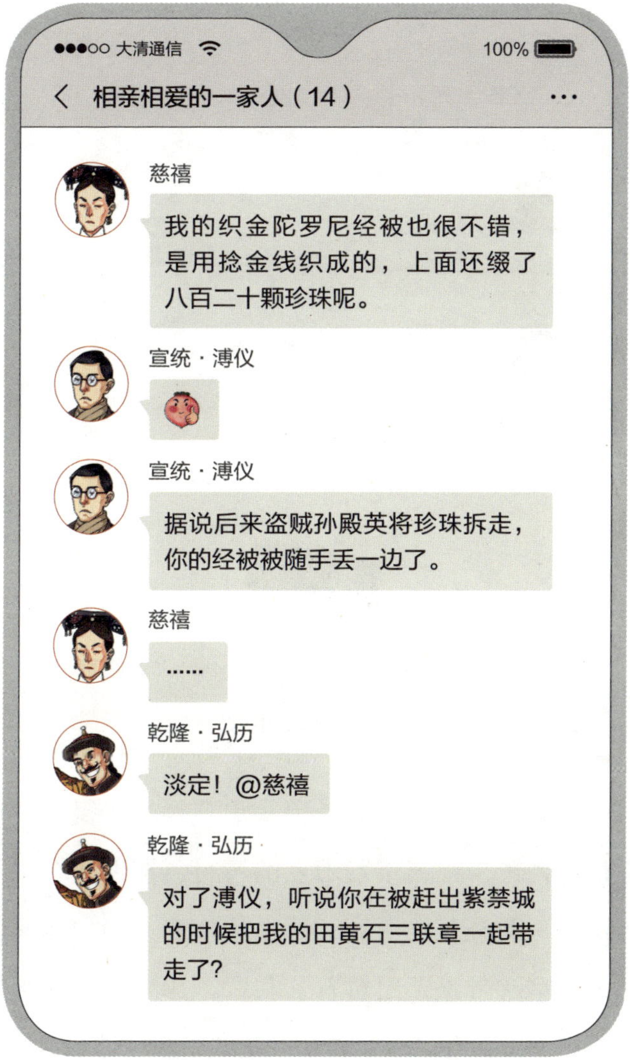
●●●○○ 大清通信
100%
相亲相爱的一家人（14）
慈禧
我的织金陀罗尼经被也很不错，是用捻金线织成的，上面还缀了八百二十颗珍珠呢。
宣统·溥仪
宣统·溥仪
据说后来盗贼孙殿英将珍珠拆走，你的经被被随手丢一边了。
慈禧
……
乾隆·弘历
淡定！@慈禧
乾隆·弘历
对了溥仪，听说你在被赶出紫禁城的时候把我的田黄石三联章一起带走了？

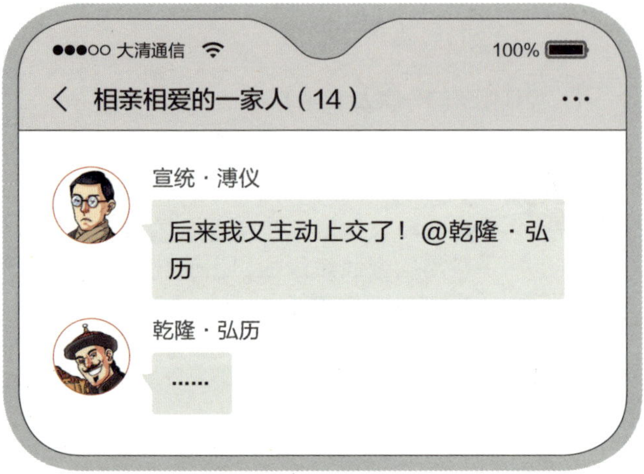

陀罗尼经被又被称为“往生被”，上面织有梵文经文，在清代是御用或御赐的陪葬物。

田黄石三联章是乾隆帝非常喜爱的印玺。田黄石是一种产于福州市寿山乡的石料，在古代有“一两田黄三两金”的说法，可见其珍贵。1924年溥仪离开皇宫时带走了田黄石三联章，1950年上交给国家，如今田黄石三联章被收藏于北京故宫博物院。

●●●○○ 大清通信
100%
相亲相爱的一家人（14）
雍正·胤禛
那九龙宝剑呢?
宣统·溥仪
九龙宝剑被孙殿英从东陵盗走了，现在不知在何处蒙尘。
乾隆·弘历
忍无可忍！拿我的四十米大刀来！
慈禧
乾隆爷，淡定！
乾隆·弘历
都怪你老公无能！@慈禧
乾隆·弘历
我圆明园中有那么多宝贝，被毁的毁、抢的抢！
慈禧
说盗墓，你扯什么圆明园?

●●●○○ 大清通信　　100%

相亲相爱的一家人（14）

乾隆·弘历

我说的是我的宝贝，不要跟我偷换概念！

康熙·玄烨

11″

说到火烧圆明园，我又……真的还想再活五百年！

雍正·胤禛

……

康熙·玄烨

那是建于我康熙年间的万园之园哪！

雍正·胤禛

我在位时拓建并修缮了圆明园。

乾隆·弘历

我在位时也拓建并修缮了圆明园。

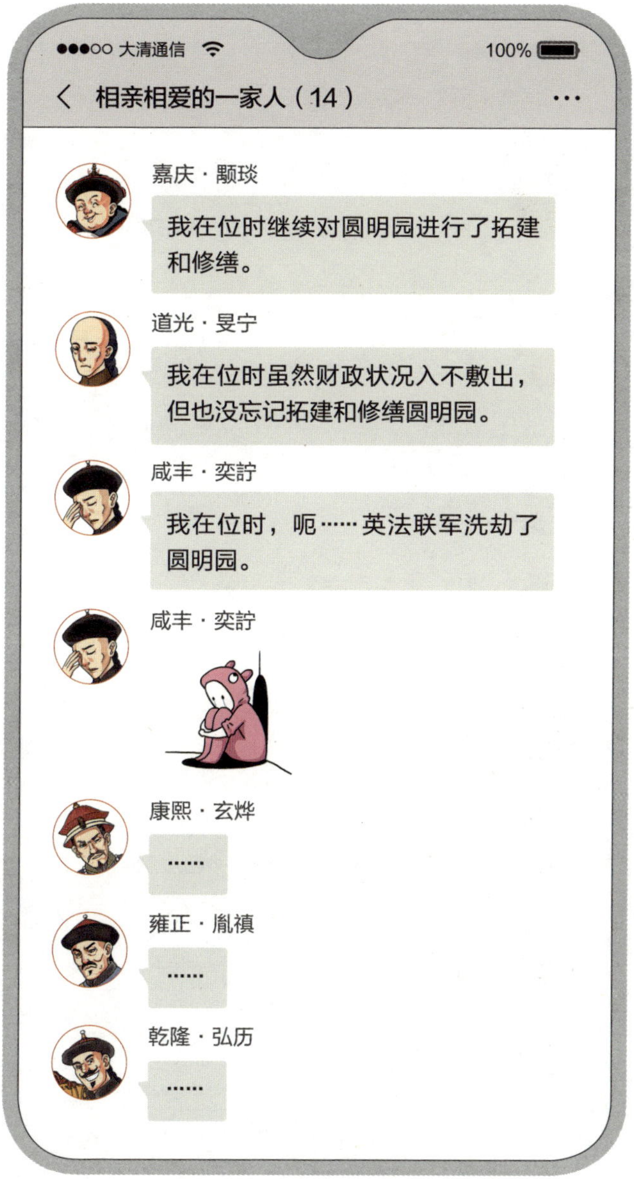
●●●○○ 大清通信
100%
相亲相爱的一家人（14）
嘉庆·颙琰
我在位时继续对圆明园进行了拓建和修缮。
道光·旻宁
我在位时虽然财政状况入不敷出，但也没忘记拓建和修缮圆明园。
咸丰·奕詝
我在位时，呃……英法联军洗劫了圆明园。
咸丰·奕詝
康熙·玄烨
……
雍正·胤禛
……
乾隆·弘历
……

●●●○○ 大清通信
100%
相亲相爱的一家人（14）
同治·载淳
我在位时想重修圆明园，可惜没能实现。
光绪·载湉
……我在位时，八国联军洗劫了圆明园。
康熙·玄烨
……
雍正·胤禛
……
乾隆·弘历
……
顺治·福临
这个话题我好像没什么参与度啊！
崇德·皇太极
+1
天命·努尔哈赤
+10086

敲黑板

圆明园规模宏大、瑰丽壮观，被誉为“万园之园”，法国文学家雨果曾称之为“人类的一大奇迹”“令人震惊、无可比拟的杰作”。

●●●○○ 大清通信　100%

相亲相爱的一家人（14）

道光·旻宁

你们看看，从咸丰帝开始，后面的哪一个比我好?

慈禧

那我又不得不说两句了。

咸丰·奕詝

……

咸丰·奕詝

慈安在的时候，你话可没这么多。@慈禧

慈禧

咸丰爷，我现在可是要为你鸣不平。

咸丰·奕詝

那你可以说了。

慈禧

我们咸丰爷容易吗？才登基就碰上太平天国起义，后来又遇到英法联军入侵。

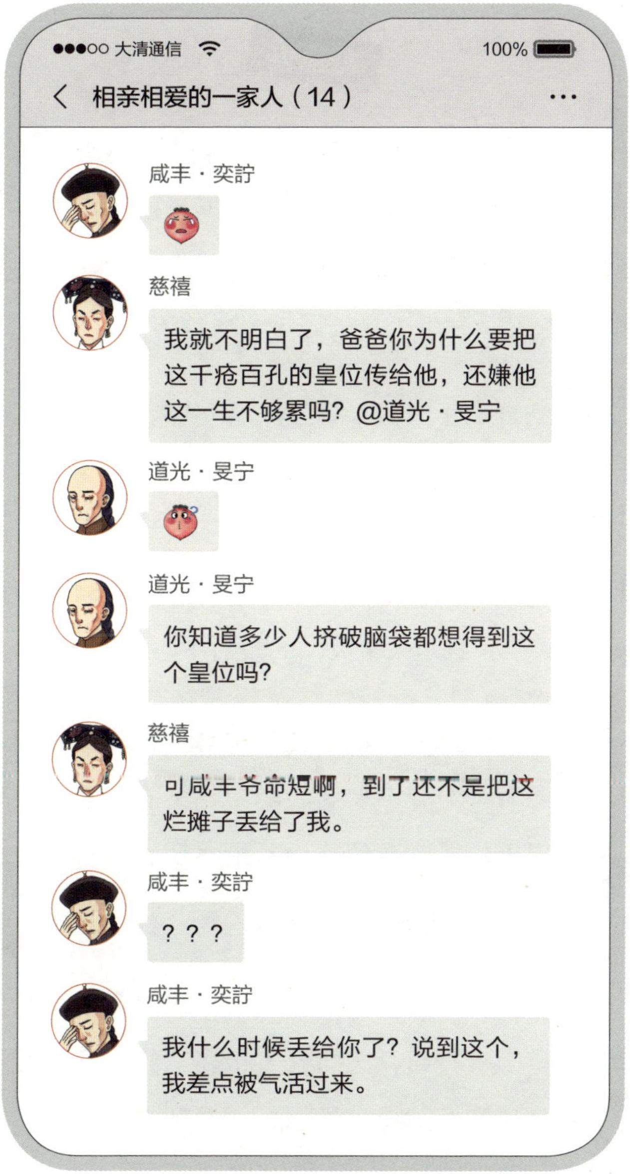
●●●○○ 大清通信
100%
相亲相爱的一家人（14）
咸丰·奕詝
慈禧
我就不明白了，爸爸你为什么要把这千疮百孔的皇位传给他，还嫌他这一生不够累吗？@道光·旻宁
道光·旻宁
道光·旻宁
你知道多少人挤破脑袋都想得到这个皇位吗？
慈禧
可咸丰爷命短啊，到了还不是把这烂摊子丢给了我。
咸丰·奕詝
？？？
咸丰·奕詝
我什么时候丢给你了？说到这个，我差点被气活过来。

敲黑板

太平天国运动是一起由洪秀全（天王）、杨秀清（东王）、萧朝贵（西王）、冯云山（南王）、韦昌辉（北王）、石达开（翼王）等人领导的大规模农民起义，发生于咸丰元年（1851年）。

1851年1月11日，洪秀全正式宣布起义，建号“太平天国”，史称“金田起义”。咸丰三年（1853年），太平军攻下江南第一大城市南京，改南京为天京，正式定都。从那时起直到1864年天京陷落，天京一直是太平天国的政治中心。

道光帝有九个儿子，其中最有皇位竞争力的是奕詝和奕訢。奕詝不如奕訢聪颖，奕詝的老师便教他多表现出仁厚孝顺的一面，最终奕詝获得了道光帝的青睐，被立为储君。

《清史稿》记载了一个故事，说道光帝晚年曾带着诸皇子去打猎，奕訢打了很多猎物，奕詝却一箭不发。道光帝问奕詝原因，奕詝回答说，此时正值万物复苏之春，自己不忍伤生，道光帝很高兴，觉得“此真帝者之言”。

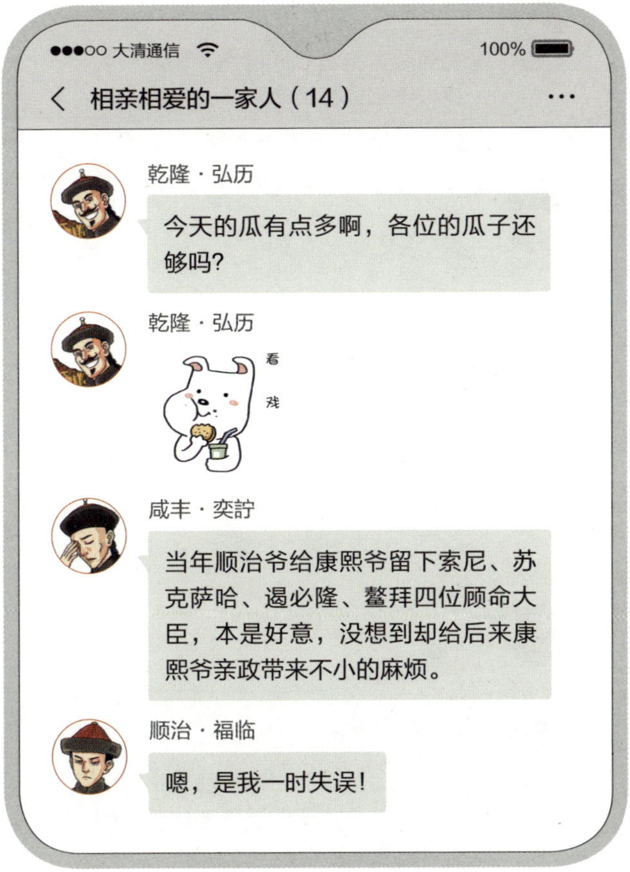

●●●○○ 大清通信　　100%

相亲相爱的一家人（14）

咸丰·奕詝

我担心重蹈当年的覆辙，怕四个太少，不足以互相牵制，就给我儿载淳留了八个顾命大臣。

咸丰·奕詝

谁知我还是失算了！

顺治·福临

怎么，加倍还不够？

宣统·溥仪

人数是加倍了，战斗力没上去啊。两宫太后联合恭亲王奕訢搞政变，咸丰的八大臣被一锅端了。

乾隆·弘历

惨

宣统·溥仪

晚清这摊子虽然烂，可慈禧也没少享受啊，看她墓里那些奢华无比的奇珍异宝就知道。

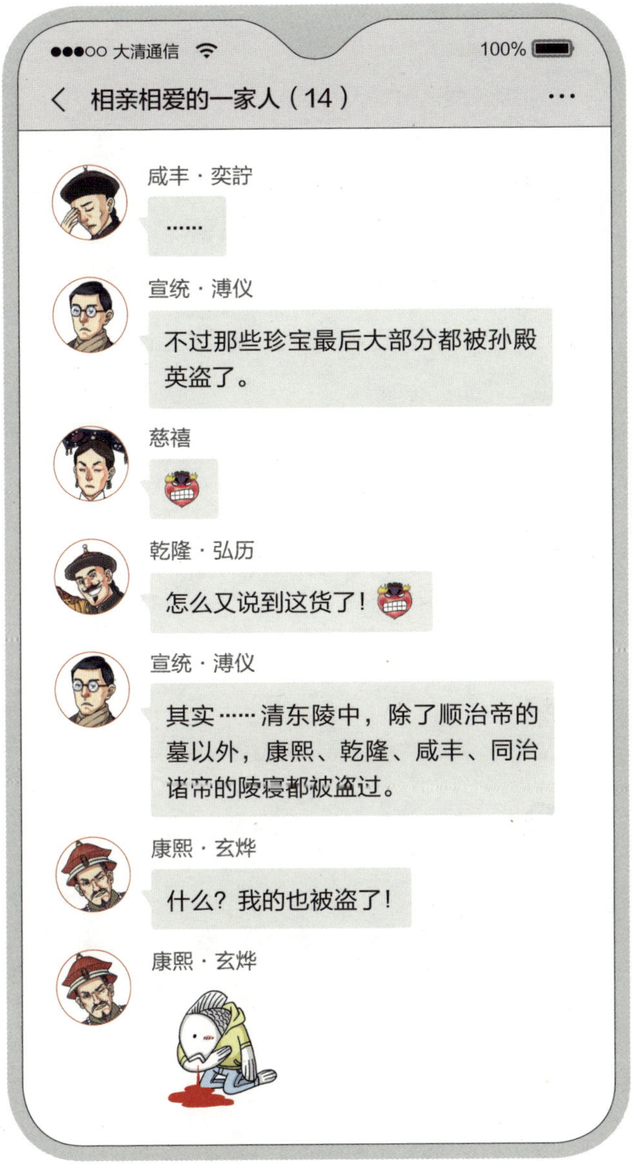
●●●○○ 大清通信
100%
相亲相爱的一家人（14）
咸丰・奕詝
……
宣统・溥仪
不过那些珍宝最后大部分都被孙殿英盗了。
慈禧
乾隆・弘历
怎么又说到这货了！
宣统・溥仪
其实……清东陵中，除了顺治帝的墓以外，康熙、乾隆、咸丰、同治诸帝的陵寝都被盗过。
康熙・玄烨
什么？我的也被盗了！
康熙・玄烨

●●●○○ 大清通信
100%
相亲相爱的一家人（14）
雍正·胤禛
谢天谢地，幸好我在清西陵。
宣统·溥仪
清西陵里光绪帝的崇陵也被盗过。
光绪·载湉
……
宣统·溥仪
正是因为被盗，乾隆爷和慈禧的地宫后来还被开辟成了景点对外开放。
雍正·胤禛
那你去景点是不是也要买票啊?
宣统·溥仪
……

敲黑板

清东陵与清西陵中的皇帝陵寝分布

	墓名	墓主
清东陵	孝陵	福临（顺治）
	景陵	玄烨（康熙）
	裕陵	弘历（乾隆）
	定陵	奕詝（咸丰）
	惠陵	载淳（同治）
清西陵	泰陵	胤禛（雍正）
	昌陵	颙琰（嘉庆）
	慕陵	旻宁（道光）
	崇陵	载湉（光绪）

慈禧太后的陵寝位于清东陵，因为在咸丰帝的定陵东边，所以被称作定东陵。

没有被盗或被破坏的陵寝，考古学家是不会主动对其进行发掘的。我国的考古发掘一般是抢救性发掘，也就是在墓葬或古迹被破坏或可能已被破坏的情形下进行发掘，是对文物的抢救和保护。

捌

扎心吐槽：

同治中兴和你同治帝有什么关系？

●●●○○ 大清通信
100%
相亲相爱的一家人（14）
睿亲王·多尔衮
@孝庄文皇后 不在群里的第三天，想她！
崇德·皇太极
……
顺治·福临
……
慈禧
偶像不在群里的第三天，想她！
乾隆·弘历
你能不能不跟风？怎么什么你都要学一下。
慈禧
学习也有错?
睿亲王·多尔衮
学习没有错，但是东施效颦就大错特错！

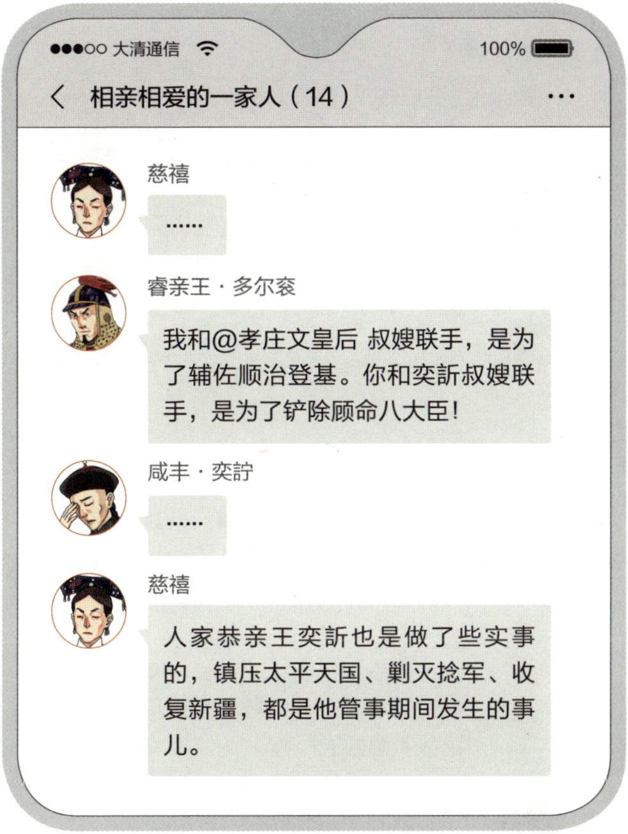

敲黑板

捻军是与太平天国同时期的一支农民起义军。从咸丰三年（1853年）到同治七年（1868年），捻军与清廷对抗了十六年之久。

●●●○○ 大清通信　　100%

相亲相爱的一家人（14）

咸丰·奕詝

这么说，这些都是“鬼子六”的功劳了?

慈禧

他只负责提议，最终拍板的人还得是我。

雍正·胤禛

这个“雅号”有些别致，为何叫他“鬼子六”？

咸丰·奕詝

因为奕訢很精明，又擅长和洋鬼子打交道，加上他排行老六，所以大家都叫他鬼子六。

雍正·胤禛

原来如此！

慈禧

人家恭亲王还善于向西方取经，支持洋务运动，“自强”“求富”，才有了“同治中兴”之局。

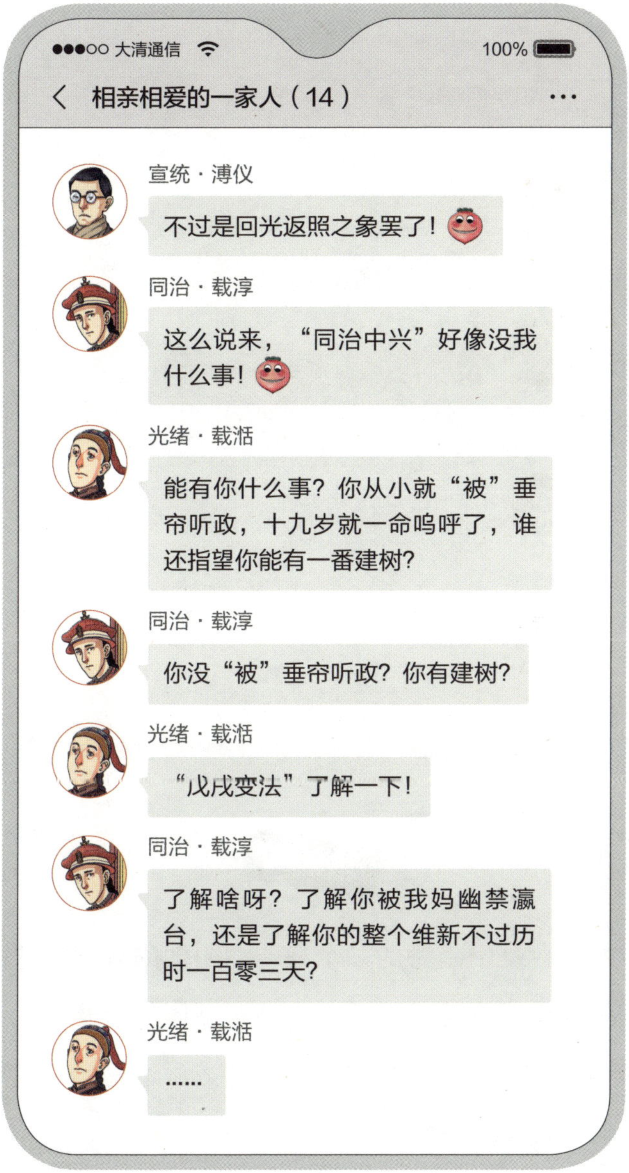
●●●○○ 大清通信
100%
相亲相爱的一家人（14）
宣统·溥仪
不过是回光返照之象罢了！
同治·载淳
这么说来，“同治中兴”好像没我什么事！
光绪·载湉
能有你什么事？你从小就“被”垂帘听政，十九岁就一命呜呼了，谁还指望你能有一番建树？
同治·载淳
你没“被”垂帘听政？你有建树？
光绪·载湉
“戊戌变法”了解一下！
同治·载淳
了解啥呀？了解你被我妈幽禁瀛台，还是了解你的整个维新不过历时一百零三天？
光绪·载湉
……

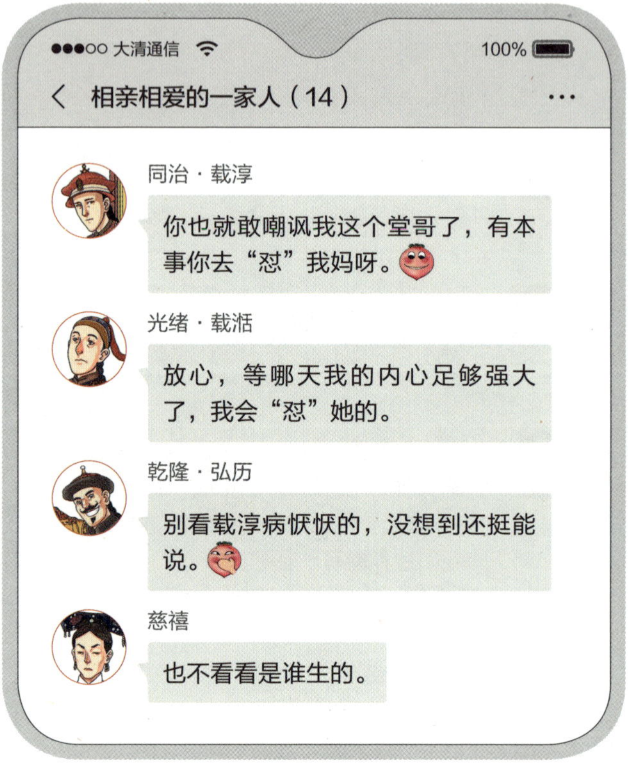

敲黑板

瀛台是中南海的一个岛屿，明朝的时候叫“南台”。戊戌变法失败后，光绪帝被囚禁于此地，后来八国联军侵华，光绪帝和慈禧太后逃离北京，回京后光绪继续被囚禁。

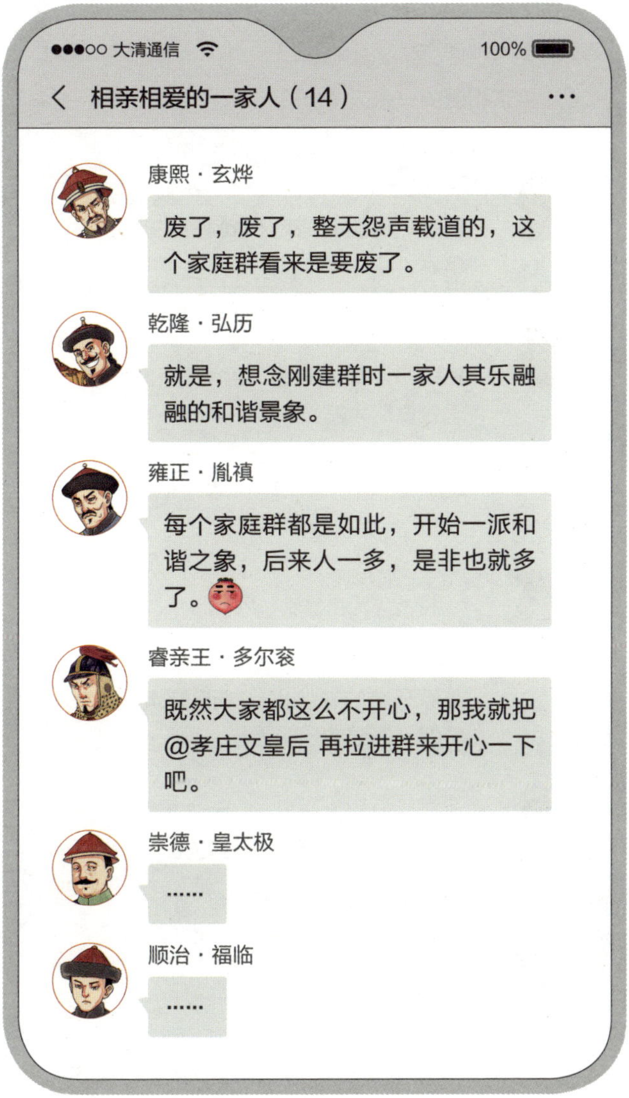
●●●○○ 大清通信
100%
相亲相爱的一家人（14）
康熙 · 玄烨
废了，废了，整天怨声载道的，这个家庭群看来是要废了。
乾隆 · 弘历
就是，想念刚建群时一家人其乐融融的和谐景象。
雍正 · 胤禛
每个家庭群都是如此，开始一派和谐之象，后来人一多，是非也就多了。
睿亲王 · 多尔衮
既然大家都这么不开心，那我就把@孝庄文皇后 再拉进群来开心一下吧。
崇德 · 皇太极
……
顺治 · 福临
……

●●●○○ 大清通信　　100%

相亲相爱的一家人（15）

宣统·溥仪

怕是只有你开心吧！@睿亲王·多尔衮

睿亲王·多尔衮

独乐乐不如众乐乐，我要把我的快乐分享给大家。

“睿亲王·多尔衮”邀请“孝庄文皇后”加入群聊

睿亲王·多尔衮

9″

草原最美的花，火红的萨日朗，一梦到天涯遍地是花香！

睿亲王·多尔衮

送给科尔沁草原上最美的花！@孝庄文皇后

崇德·皇太极

……

敲黑板

孝庄文皇后来自蒙古科尔沁部。

成吉思汗称帝后，他的二弟拙赤合撒儿分得呼伦贝尔大草原、大兴安岭一带的土地，其后裔逐渐形成著名的科尔沁部。

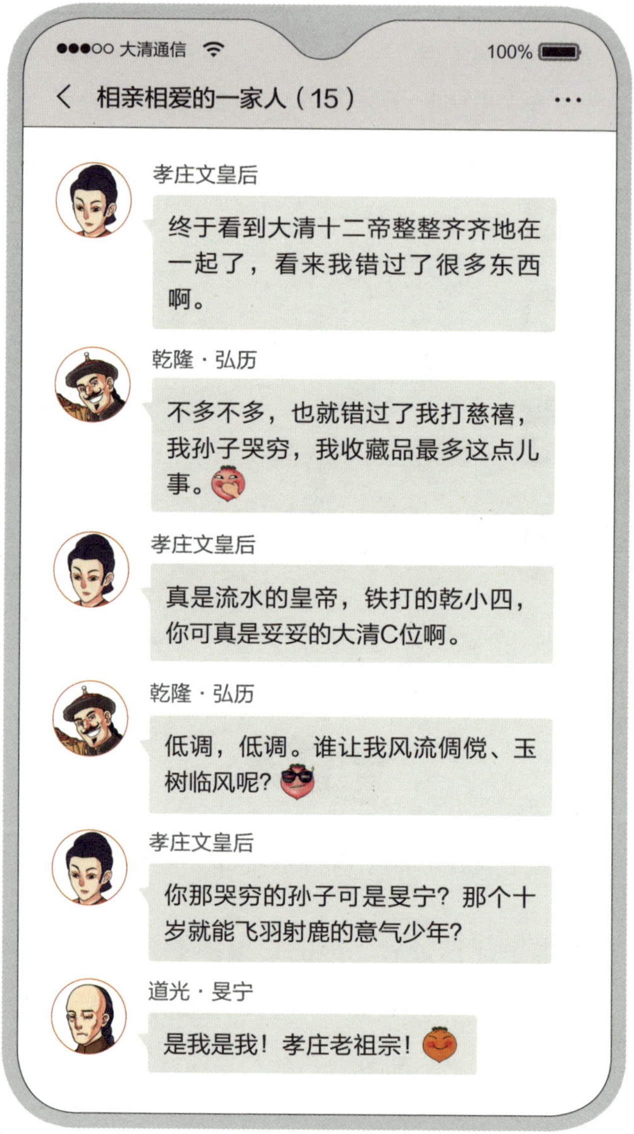
●●●○○ 大清通信
100%
相亲相爱的一家人（15）
孝庄文皇后
终于看到大清十二帝整整齐齐地在一起了，看来我错过了很多东西啊。
乾隆 · 弘历
不多不多，也就错过了我打慈禧，我孙子哭穷，我收藏品最多这点儿事。
孝庄文皇后
真是流水的皇帝，铁打的乾小四，你可真是妥妥的大清C位啊。
乾隆 · 弘历
低调，低调。谁让我风流倜傥、玉树临风呢?
孝庄文皇后
你那哭穷的孙子可是旻宁? 那个十岁就能飞羽射鹿的意气少年?
道光 · 旻宁
是我是我！孝庄老祖宗！

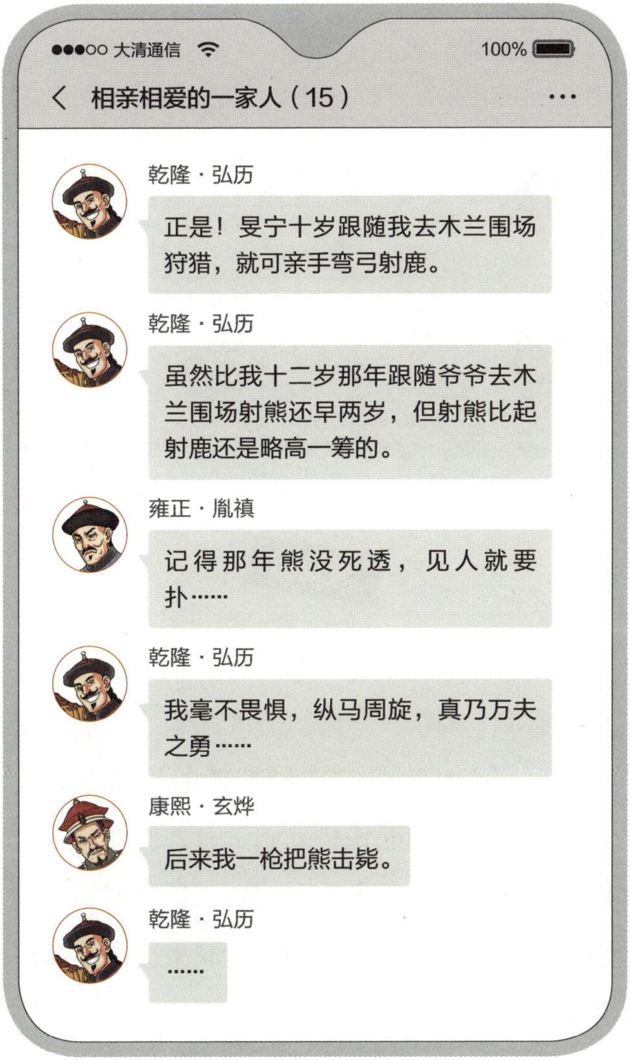
●●●○○ 大清通信
100%
相亲相爱的一家人（15）
乾隆 · 弘历
正是！旻宁十岁跟随我去木兰围场狩猎，就可亲手弯弓射鹿。
乾隆 · 弘历
虽然比我十二岁那年跟随爷爷去木兰围场射熊还早两岁，但射熊比起射鹿还是略高一筹的。
雍正 · 胤禛
记得那年熊没死透，见人就要扑……
乾隆 · 弘历
我毫不畏惧，纵马周旋，真乃万夫之勇……
康熙 · 玄烨
后来我一枪把熊击毙。
乾隆 · 弘历
……

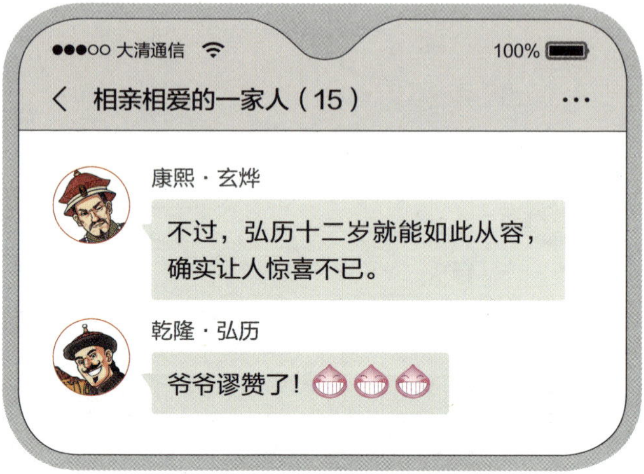

敲黑板

乾隆帝弘历十二岁时跟着爷爷康熙帝一起去木兰围场狩猎，康熙帝开枪击中了熊，让弘历前去“补刀”，弘历刚上马，没死透的熊突然立了起来，事发突然，但弘历依然镇定自若，随后康熙帝开枪打死了熊。后来康熙帝与别人谈到此事，认为幸好那头熊没等弘历到了跟前才起来，这是弘历命中有福，对弘历更加宠爱。

（康熙）归谕诸妃嫔曰："此子诚为有福，使伊至熊前而熊立起，更成何事体？"由是益加宠爱，而燕翼之贻谋因之而定也。

——《啸亭杂录》

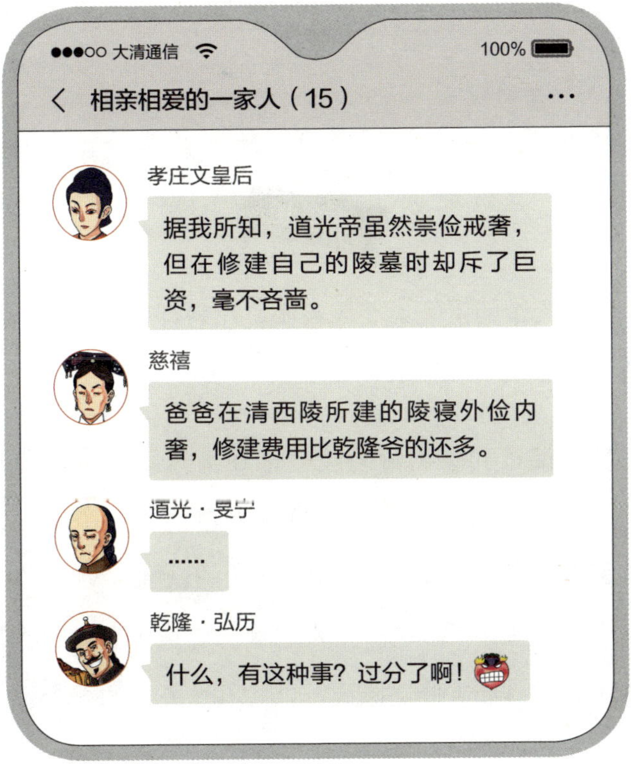

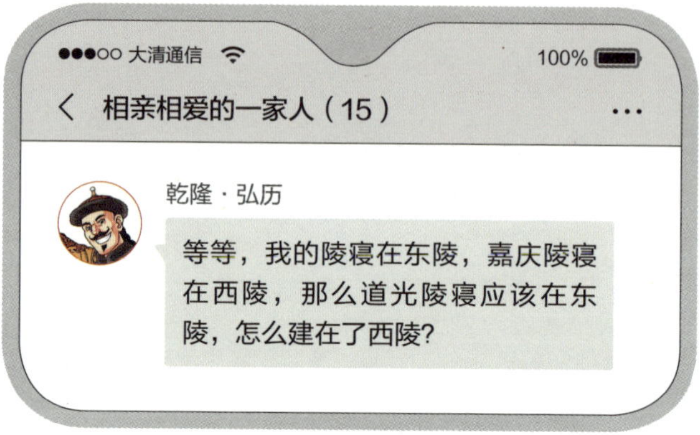

敲黑板

🔈 道光帝的慕陵虽然规模小，用料却极珍贵奢华，建筑工艺也十分精湛，建造成本很高。

🔈 顺治帝和康熙帝的陵寝都在清东陵（位于今天的河北省遵化市），雍正帝本来也该葬在东陵，但堪舆之后发现那附近并没有合适的营建之处，便扩大范围，另寻了一块“上吉之壤”（位于今天的河北省保定市易县）修建陵寝。两地相距约三百公里。

按照“子随父葬”的原则，乾隆帝本该把陵址选在雍正帝陵附近，但他以担心“子孙俱选吉京西，则与东路孝陵、景陵日远日疏，不足以展孝思而申爱慕”为由，将自己的陵址选在了东陵，并规定下一任皇帝的陵址须在西陵，再下一任皇帝的陵址又须在东陵，如此循环下去。

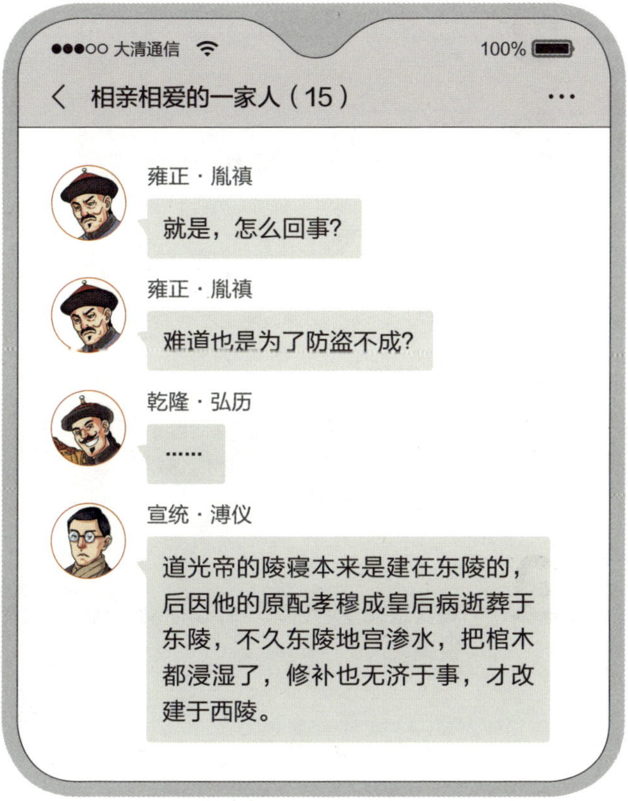

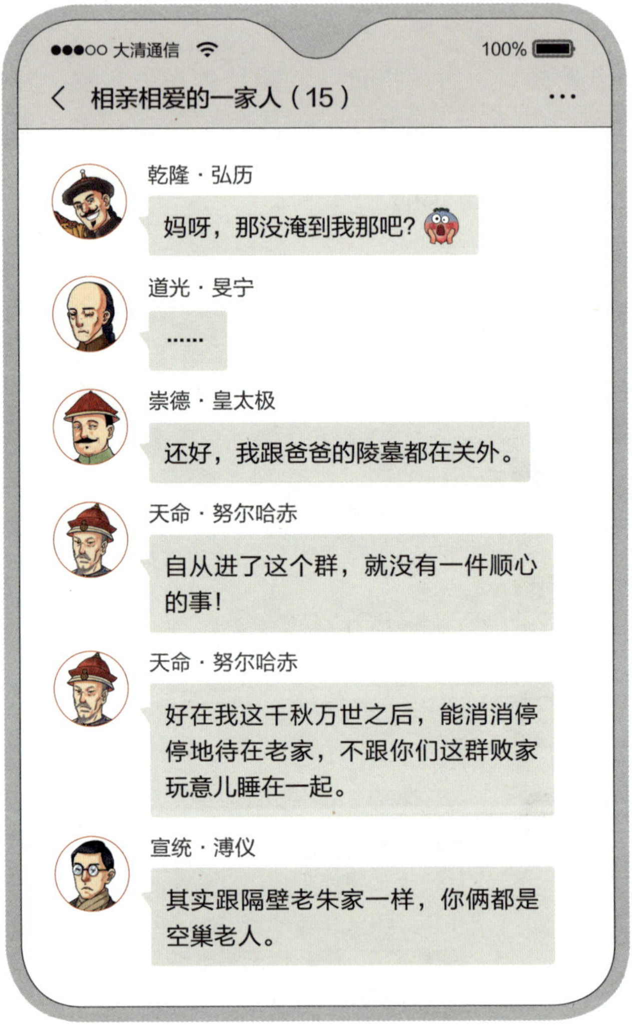
●●●○○ 大清通信
100%
相亲相爱的一家人（15）
乾隆 · 弘历
妈呀，那没淹到我那吧？
道光 · 旻宁
……
崇德 · 皇太极
还好，我跟爸爸的陵墓都在关外。
天命 · 努尔哈赤
自从进了这个群，就没有一件顺心的事！
天命 · 努尔哈赤
好在我这千秋万世之后，能消消停停地待在老家，不跟你们这群败家玩意儿睡在一起。
宣统 · 溥仪
其实跟隔壁老朱家一样，你俩都是空巢老人。

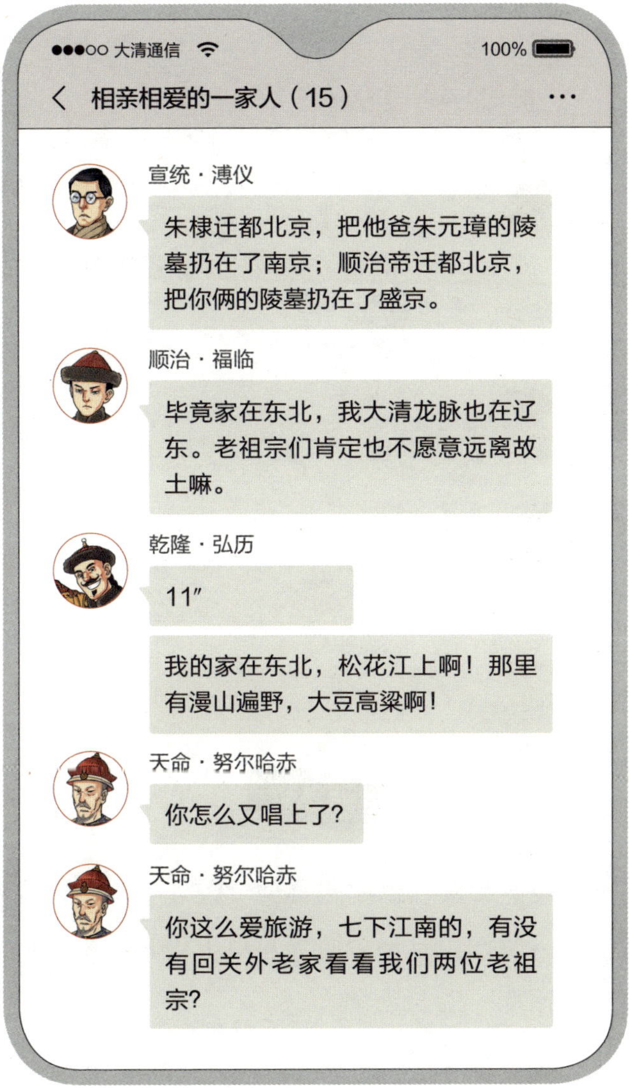
●●●○○ 大清通信
100%
相亲相爱的一家人（15）
宣统 · 溥仪
朱棣迁都北京，把他爸朱元璋的陵墓扔在了南京；顺治帝迁都北京，把你俩的陵墓扔在了盛京。
顺治 · 福临
毕竟家在东北，我大清龙脉也在辽东。老祖宗们肯定也不愿意远离故土嘛。
乾隆 · 弘历
11″
我的家在东北，松花江上啊！那里有漫山遍野，大豆高粱啊！
天命 · 努尔哈赤
你怎么又唱上了？
天命 · 努尔哈赤
你这么爱旅游，七下江南的，有没有回关外老家看看我们两位老祖宗？

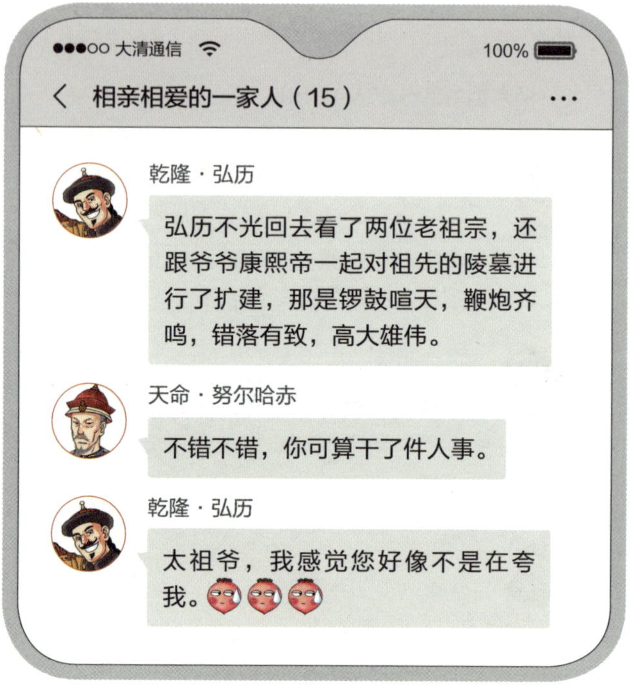

敲黑板

福陵、昭陵和永陵被称为“关外三陵”，也叫“盛京三陵”，是努尔哈赤、皇太极及清朝其他先祖的陵寝。

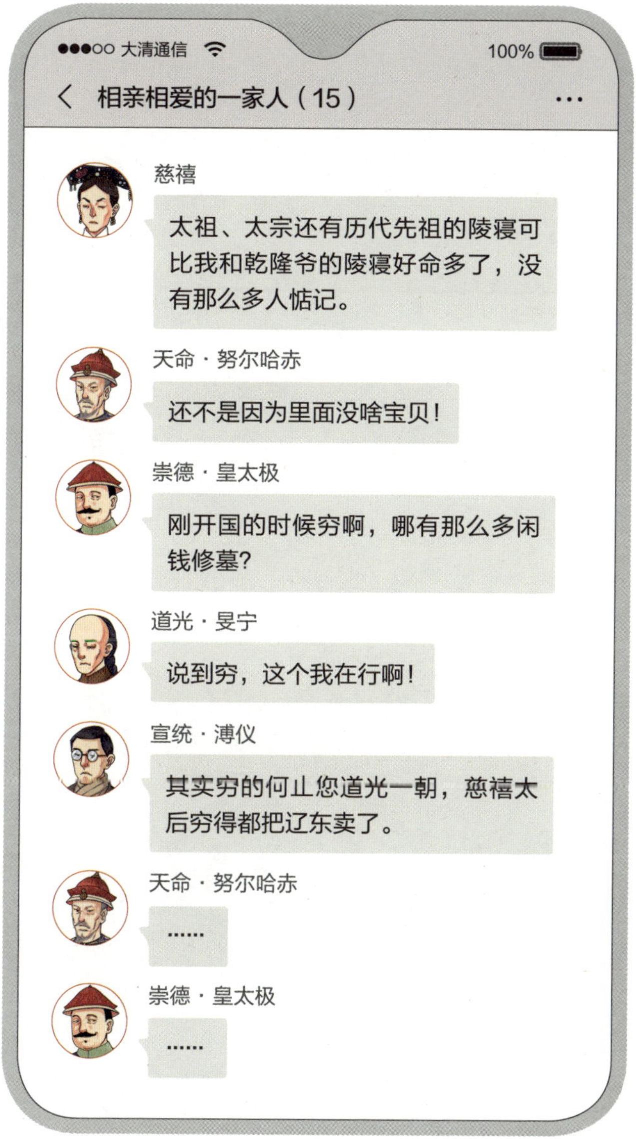
●●●○○ 大清通信
100%
相亲相爱的一家人（15）
慈禧
太祖、太宗还有历代先祖的陵寝可比我和乾隆爷的陵寝好命多了，没有那么多人惦记。
天命 · 努尔哈赤
还不是因为里面没啥宝贝！
崇德 · 皇太极
刚开国的时候穷啊，哪有那么多闲钱修墓？
道光 · 旻宁
说到穷，这个我在行啊！
宣统 · 溥仪
其实穷的何止您道光一朝，慈禧太后穷得都把辽东卖了。
天命 · 努尔哈赤
……
崇德 · 皇太极
……

玖

雍正帝面前演宫斗：

两宫太后重聚，上演塑料姐妹情

●●●○○ 大清通信　100%

相亲相爱的一家人（15）

乾隆·弘历

哎呀妈呀，又有瓜吃了。

乾隆·弘历

快说说，你是怎么把太祖太宗的坟都卖了的？

乾隆·弘历

慈禧

……

天命·努尔哈赤

气得我脑血栓都犯了。

崇德·皇太极

气得我高血压都犯了。

乾隆·弘历

太宗爷爷，您太胖了，得注意糖尿病啊。

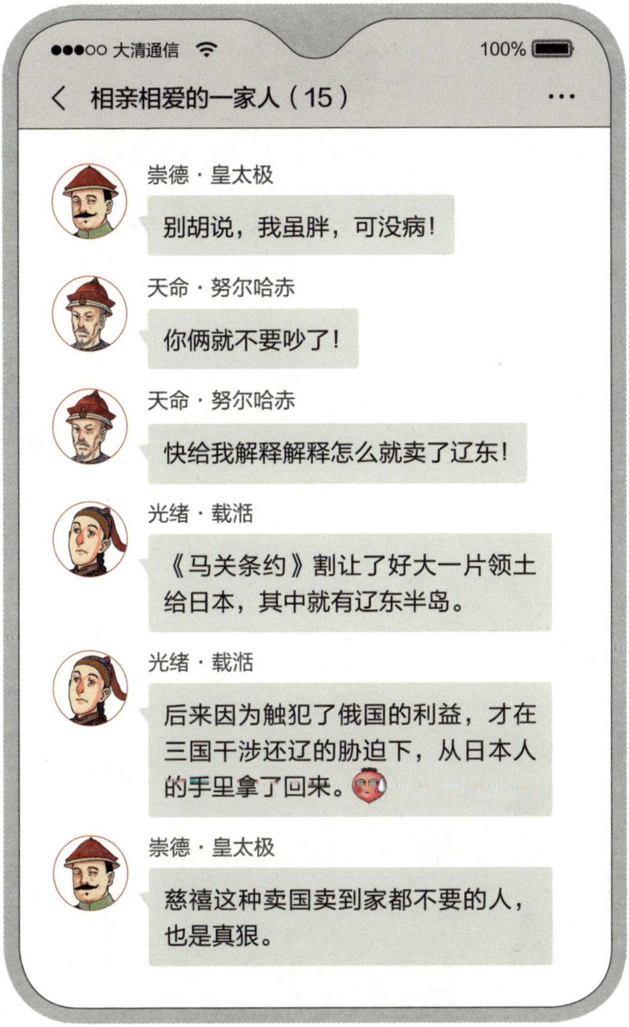
●●●○○ 大清通信
100%
相亲相爱的一家人（15）
崇德 · 皇太极
别胡说，我虽胖，可没病！
天命 · 努尔哈赤
你俩就不要吵了！
天命 · 努尔哈赤
快给我解释解释怎么就卖了辽东！
光绪 · 载湉
《马关条约》割让了好大一片领土给日本，其中就有辽东半岛。
光绪 · 载湉
后来因为触犯了俄国的利益，才在三国干涉还辽的胁迫下，从日本人的手里拿了回来。
崇德 · 皇太极
慈禧这种卖国卖到家都不要的人，也是真狠。

敲黑板

丧权辱国的《马关条约》要求中国割让包括辽东半岛、台湾和澎湖列岛在内的大片领土给日本，俄、法、德三国从自身的利益出发，不甘心让日本独占辽东半岛，于是联合起来加以干涉，日本被迫放弃辽东半岛，但要中国以白银三千万两将其“赎回”。这就是“三国干涉还辽”。

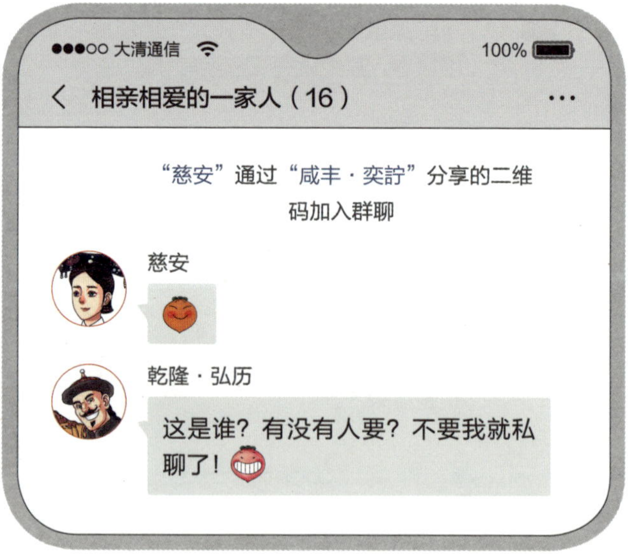

●●●○○ 大清通信
100%
相亲相爱的一家人（16）
咸丰·奕詝
乾隆爷，她是我的孝贞显皇后钮祜禄氏，镶黄旗……
乾隆·弘历
慈安
慈安见过乾隆爷！
乾隆·弘历
原来是大曾孙媳妇啊，嗯，镶黄旗，很好！
乾隆·弘历
人家可是镶黄旗！你们看，镶蓝旗的又在装聋作哑了！
慈禧
慈禧
姐姐，你进来干吗呀？@慈安

●●●○○ 大清通信　100%

〈 相亲相爱的一家人（16） …

慈安

你我同为东西两宫太后，你能进，我不能进吗？

乾隆·弘历

宫斗即视感，看来又有瓜吃了！

乾隆·弘历

雍正·胤禛

雍正面前演宫斗，秀！

康熙·玄烨

听说胤禛也是有些宫斗底子在身上的。

雍正·胤禛

此“宫斗”非彼“宫斗”。

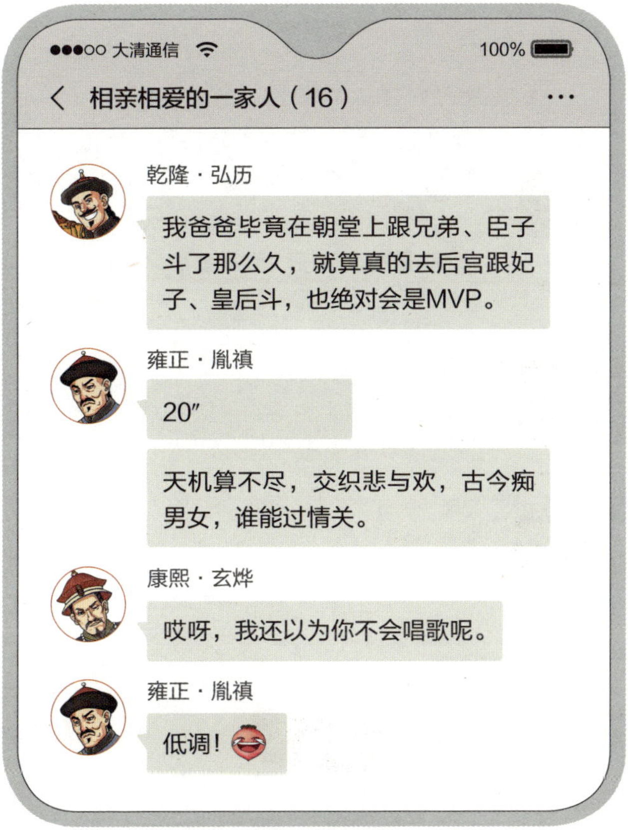

敲黑板

在权术斗争上，雍正帝很有智慧，否则便难以在夺嫡中胜出。但他的后宫相对来说比较平静和谐，并不像影视剧中刻画得那样血雨腥风。

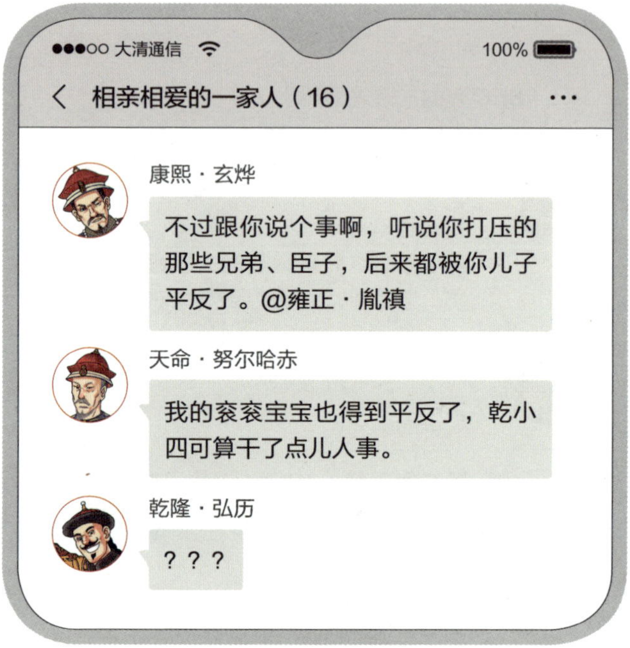

敲黑板

雍正帝曾对皇室内部成员，特别是当年与他一起竞争皇位的兄弟进行了残酷的打压，乾隆帝即位后，为了缓和皇室内部剑拔弩张的关系，同时也为了笼络人心，便将被雍正帝长期监禁的允字辈皇子们（原本是胤字辈，后来为了避雍正帝胤禛的讳改为允字辈）释放出狱，并恢复了他们的爵位。

●●●○○ 大清通信
100%
相亲相爱的一家人（16）
天命·努尔哈赤
看这架势，这俩丫头是不和吗？
宣统·溥仪
一宫难容二主，怕是面和心不和。
同治·载淳
不管和不和，反正我喜欢嫡母。@慈安
慈安
慈禧
@同治·载淳 你个吃里爬外的东西，我已经三天不打你了是吧？
慈禧
同治·载淳
……

●●●○○ 大清通信　　100%

相亲相爱的一家人（16）

咸丰 · 奕詝

有句话叫“慈安优于德，慈禧优于才”，想想儿子为什么喜欢嫡母，不喜欢你这个亲妈。

雍正 · 胤禛

我也想知道为什么。

慈禧

宣统 · 溥仪

可能是在选后问题上，同治帝没和慈禧站在一条战线上，而是选择了慈安太后支持的人。

宣统 · 溥仪

慈禧的控制欲极强，这种事她能忍?

慈禧

……

敲黑板

在同治帝选后的问题上，慈安太后支持的是阿鲁特氏，慈禧太后支持的是富察氏，同治帝选了阿鲁特氏为皇后，富察氏被立为慧妃。

慈禧太后很不喜欢皇后阿鲁特氏，经常刁难她。

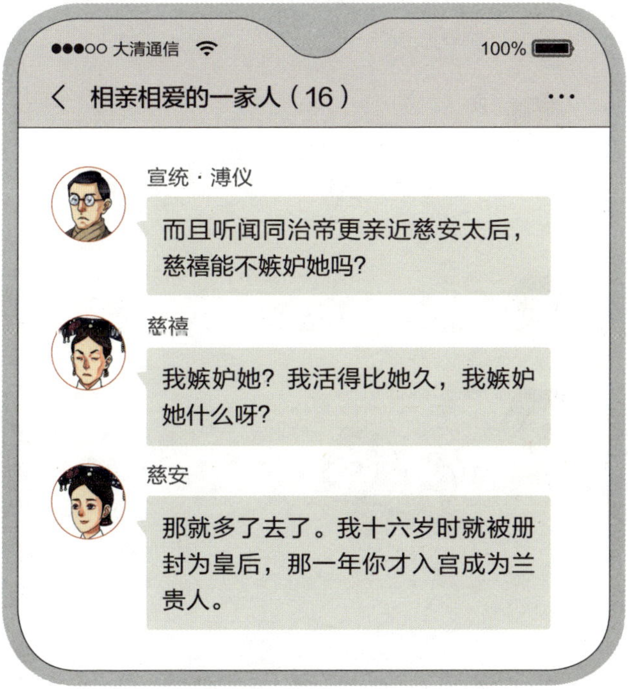

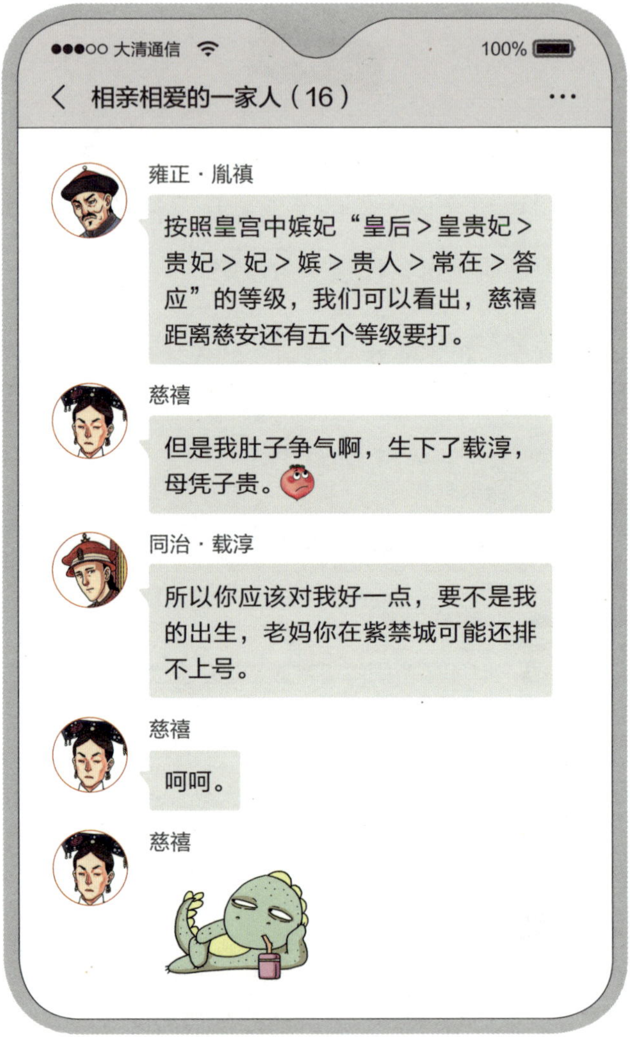
●●●○○ 大清通信
100%
相亲相爱的一家人（16）
雍正 · 胤禛
按照皇宫中嫔妃“皇后 > 皇贵妃 > 贵妃 > 妃 > 嫔 > 贵人 > 常在 > 答应”的等级，我们可以看出，慈禧距离慈安还有五个等级要打。
慈禧
但是我肚子争气啊，生下了载淳，母凭子贵。
同治 · 载淳
所以你应该对我好一点，要不是我的出生，老妈你在紫禁城可能还排不上号。
慈禧
呵呵。
慈禧

敲黑板

🔈 钮祜禄氏（慈安）和叶赫那拉氏（慈禧）同年入宫，前者入宫当年就从“贞嫔”升至“皇后”。因为咸丰帝的元配在他登基前就病故了，出身名门世家的钮祜禄氏很可能在选秀时就已被内定为皇后人选。需要注意的是，“慈安”和“慈禧”是钮祜禄氏和叶赫那拉氏在咸丰帝驾崩后才有的徽号。

九月丙戌朔，上母后皇太后徽号曰慈安，圣母皇太后徽号曰慈禧。

——《清史稿》

🔈 咸丰六年（1856年），慈禧生下儿子载淳，晋升为懿妃，她是载淳的生母。而慈安作为皇后，是载淳的嫡母。

🔈 慈安死于1881年，享年四十五岁。慈禧死于1908年，享年七十四岁。

●●●○○ 大清通信　100%

相亲相爱的一家人（16）

慈安

我虽无子嗣，却依然受到咸丰爷的宠爱，只用了六个月的时间就从嫔升到皇后，算得上是大清晋封速度最快的皇后了。

慈禧

大清的皇后多了去了，你算老几啊?

慈禧

论功绩，也许我比不了偶像孝庄文皇后。但是论知名度，我慈禧认第二，谁敢认第一。

康熙 · 玄烨

我的妈呀，我从未见过如此气焰嚣张之人。

咸丰 · 奕詝

@慈禧 你怎么跟孝贞显皇后说话呢?

咸丰 · 奕詝

我临终前嘱咐你的话，你忘了吗?

●●●○○ 大清通信　　100%

相亲相爱的一家人（16）

慈禧

没忘，你说不能对皇后大不敬，要时时刻刻尊敬她。你死后，我慑于嫡庶之分，不敢失礼，什么事都会先请示于她。

慈禧

就算我大她两岁，都还叫她一声“姐姐”。

慈安

呵呵，一声姐妹大过天。

慈安

我病逝之后，我的梓宫虽然用的是楠木，却是由很多厚度不过一寸七八的木头拼接而成的。难道这就是你对姐姐的敬重之情？

乾隆·弘历

都说“一生姐妹一起走”，你走的时候怎么没有把慈禧一块儿带走？@慈安

敲黑板

梓（zǐ）宫指的是皇帝或皇后的棺材。

安得海曾是咸丰帝的御前太监，后来成为慈禧的心腹。同治八年（1869年），他奉慈禧之命到江南采办服饰，一路上做派张扬，仗势欺人，被山东巡抚丁宝桢擒获。慈安太后果断下令，同意丁宝桢诛杀安得海。

同治八年，内监安得海出京，山东巡抚丁宝桢以闻，太后立命诛之。

——《清史稿》

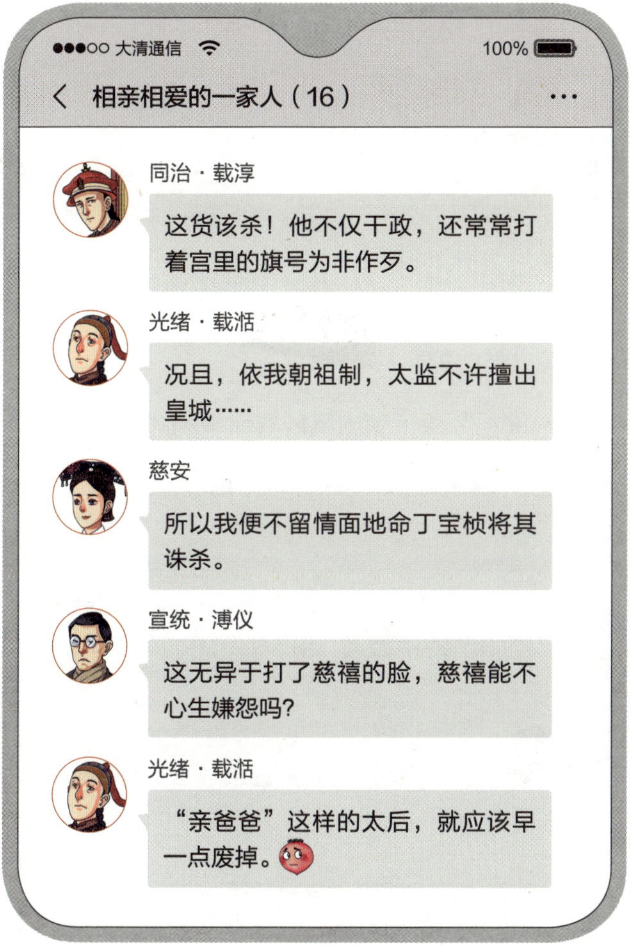

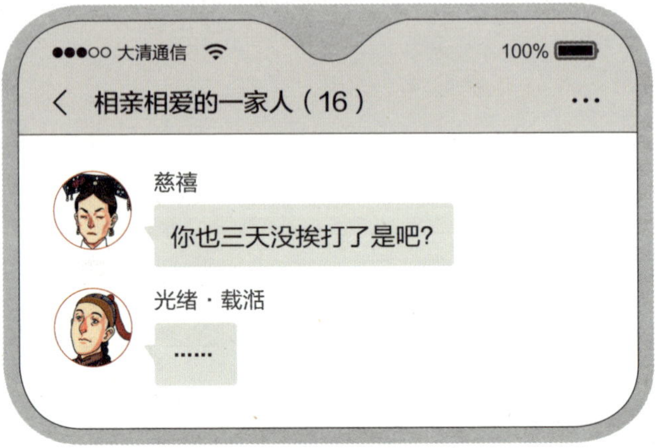

敲黑板

“亲爸爸”源于满族风俗习惯中的“姑爸爸”——“姑爸爸”是满族人对姑妈的称谓。

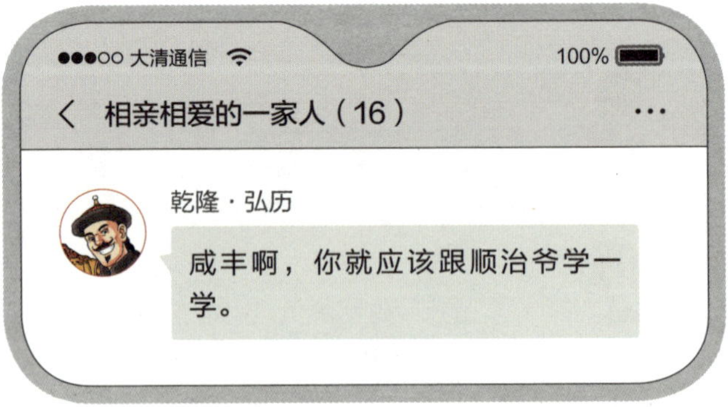

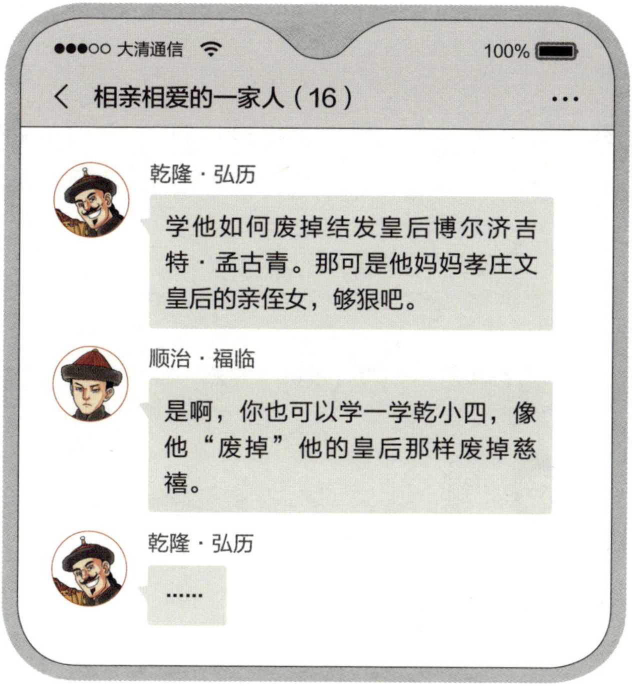

敲黑板

孟古青是蒙古科尔沁卓礼克图亲王博尔济吉特·吴克善（孝庄皇后的长兄）之女。顺治帝将皇后降为静妃主要有三方面原因：一是孟古青是多尔衮指定的，不是他自己选择的；二是认为孟古青不淑不善；三是帝后感情不睦。

🔈 乾隆帝的第二任皇后在陪乾隆帝南巡时“忤旨”“剪发”，虽然没有被废黜皇后的封号，但地位和待遇从此一落千丈。死后丧仪也没有按皇后的级别安排。

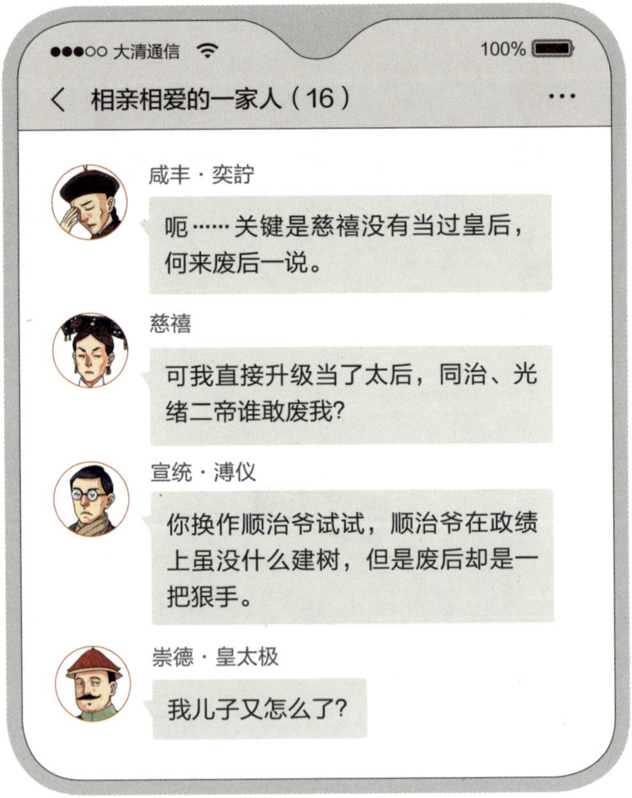

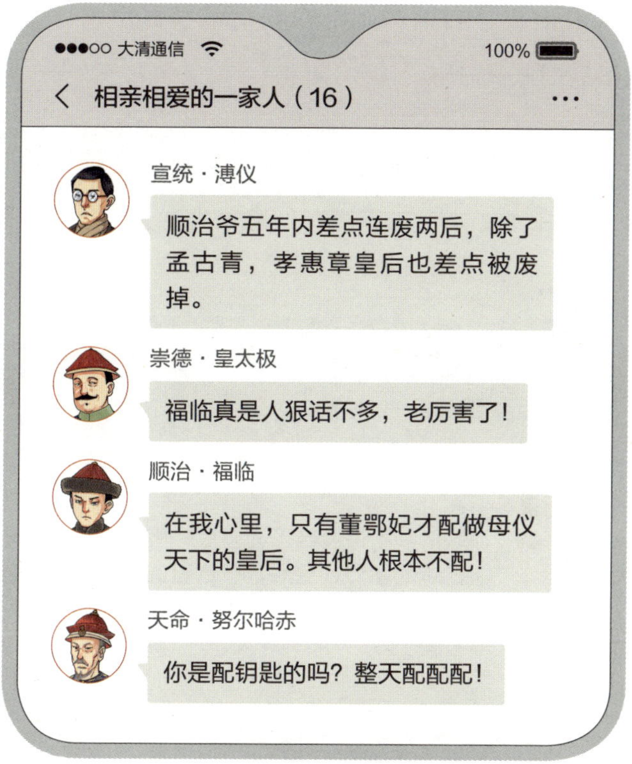

敲黑板

孝惠章皇后是顺治帝的第二任皇后，她是科尔沁镇国公绰尔济的女儿，是孝庄文皇后的侄孙女。顺治帝曾一度有过废后的念头，但终究没能实现。

史料中记载，当董鄂妃得知顺治帝和群臣商议要废掉皇后时长跪于地、极力阻止。

🔈 董鄂妃生前没能当上皇后，病逝后被追尊为皇后，谥曰“孝献庄和至德宣仁温惠端敬皇后”。

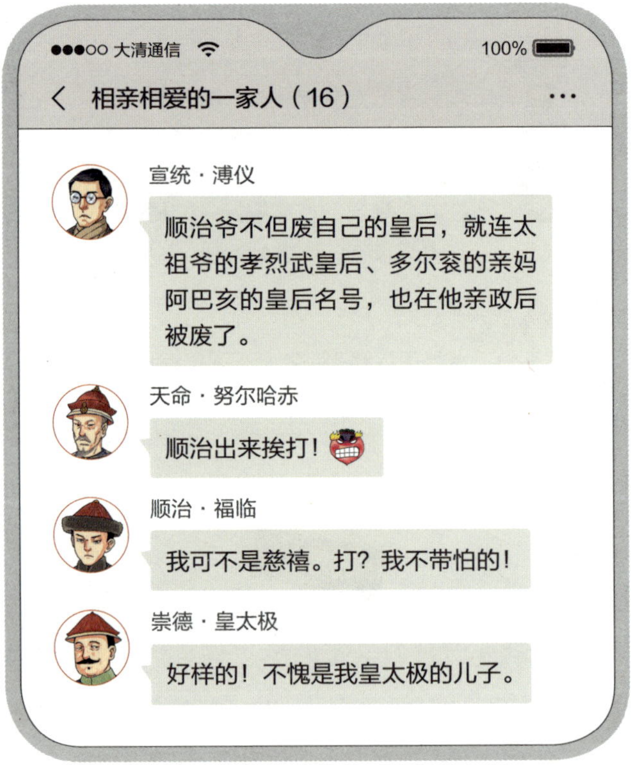

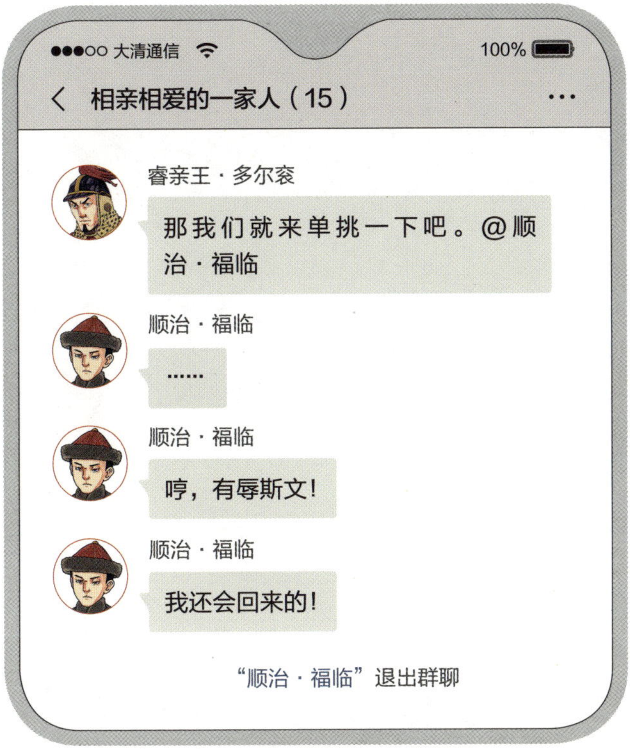

敲黑板

顺治七年（1650年），手握重权的多尔衮追封自己被逼殉葬的母亲阿巴亥为孝烈武皇后。多尔衮去世后，顺治帝就把阿巴亥的封号给废了。

拾

光绪帝新单曲：
杀死慈禧的一百种方法

●●●○○ 大清通信　100%

〈 相亲相爱的一家人（16） …

“孝庄文皇后”邀请“顺治·福临”加入群聊

顺治·福临

妈，我好不容易在寺庙里清静清静，你拉我进来干什么？

孝庄文皇后

一家人要整整齐齐地在一起，不许再退群了。

天命·努尔哈赤

你当这是玩游戏呢，你想进就进，想出就出？

睿亲王·多尔衮

这要是玩游戏的话，他早被打得连他爸妈都不认识了。

崇德·皇太极

叛逆期的孩子，大家多担待！

雍正·胤禛

叛逆期？

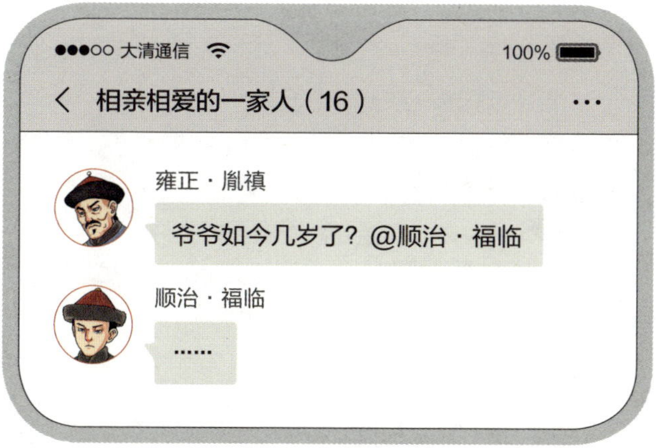

敲黑板

“顺治出家”是清初宫廷疑案。

传说顺治帝因董鄂妃病死而遁入空门、出家五台山，由此衍生出康熙寻父的传说。

然而，虽然顺治帝对佛法兴趣浓厚，甚至曾经剃发，但其出家一事证据不足。依史料推断，顺治帝死于天花。

●●●○○ 大清通信　　100%

相亲相爱的一家人（16）

乾隆 · 弘历

哎呀，要是我能学到我爸十分之一的“嘴炮”才能，我就心满意足了。

康熙 · 玄烨

我也很好奇，胤禛的“腹黑”是怎样炼成的?

顺治 · 福临

也不看看他的后宫里什么样的达人没有?

雍正 · 胤禛

说真的，不看电视剧，我都不知道我的后宫里有歌手、驯兽师、调香大师、冰嬉运动员……个个都十八般武艺样样精通。

乾隆 · 弘历

懂了，爸爸的意思是让我没事多去跟后宫互动互动。

咸丰 · 奕詝

懂了！

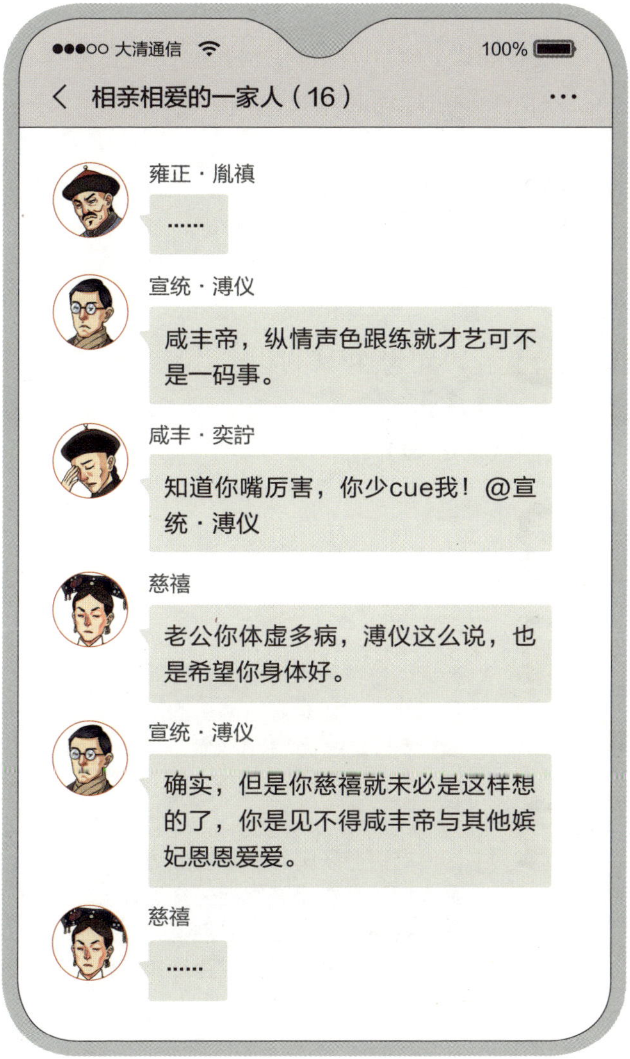
●●●○○ 大清通信
100%
相亲相爱的一家人（16）
雍正·胤禛
……
宣统·溥仪
咸丰帝，纵情声色跟练就才艺可不是一码事。
咸丰·奕詝
知道你嘴厉害，你少cue我！@宣统·溥仪
慈禧
老公你体虚多病，溥仪这么说，也是希望你身体好。
宣统·溥仪
确实，但是你慈禧就未必是这样想的了，你是见不得咸丰帝与其他嫔妃恩恩爱爱。
慈禧
……

●●●○○ 大清通信　100%

〈 相亲相爱的一家人（16） …

乾隆 · 弘历

来来来，爆米花安排上，准备看戏。

乾隆 · 弘历

宣统 · 溥仪

据我了解，慈禧专门拆秀恩爱的。

宣统 · 溥仪

拆完阿鲁特氏和同治帝，又拆珍妃和光绪帝，还喜欢给宗室的其他人强行安排婚配。

宣统 · 溥仪

都说老歪脖子树站在皇宫后边，看着大清朝是不是跟明朝一样盛衰无常，我看珍妃井也静静地躺在紫禁城里，瞅着大清后宫究竟能作到什么样！

* 老歪脖子树是指明朝崇祯帝自缢的那棵老槐树。

敲黑板

珍妃是光绪帝的宠妃，却不为慈禧喜爱。光绪二十六年（1900年），八国联军侵入北京，慈禧太后带着光绪帝逃命前，派人趁此机会把珍妃推到顺贞门内的一口井里，将其害死，因此这口井被称为“珍妃井”。

珍妃生性乖巧、讨人欢喜，工翰墨，善棋，日侍皇帝左右，与帝共食饮共乐，德宗尤宠爱之。

——《国闻备乘》

●●●○○ 大清通信 100%

相亲相爱的一家人（16）

睿亲王 · 多尔衮

宁拆十座庙，不毁一桩亲，这个道理她不懂吗?

顺治 · 福临

顺治 · 福临

寺庙招你惹你了?

睿亲王 · 多尔衮

你又想单挑了?

顺治 · 福临

哼，有辱斯文!

宣统 · 溥仪

总之，她只喜欢和丧偶之人做朋友。“刀在手，杀遍天下恩爱狗”是慈禧的宗旨。

乾隆 · 弘历

难怪她那么想跟孝庄文皇后做朋友。

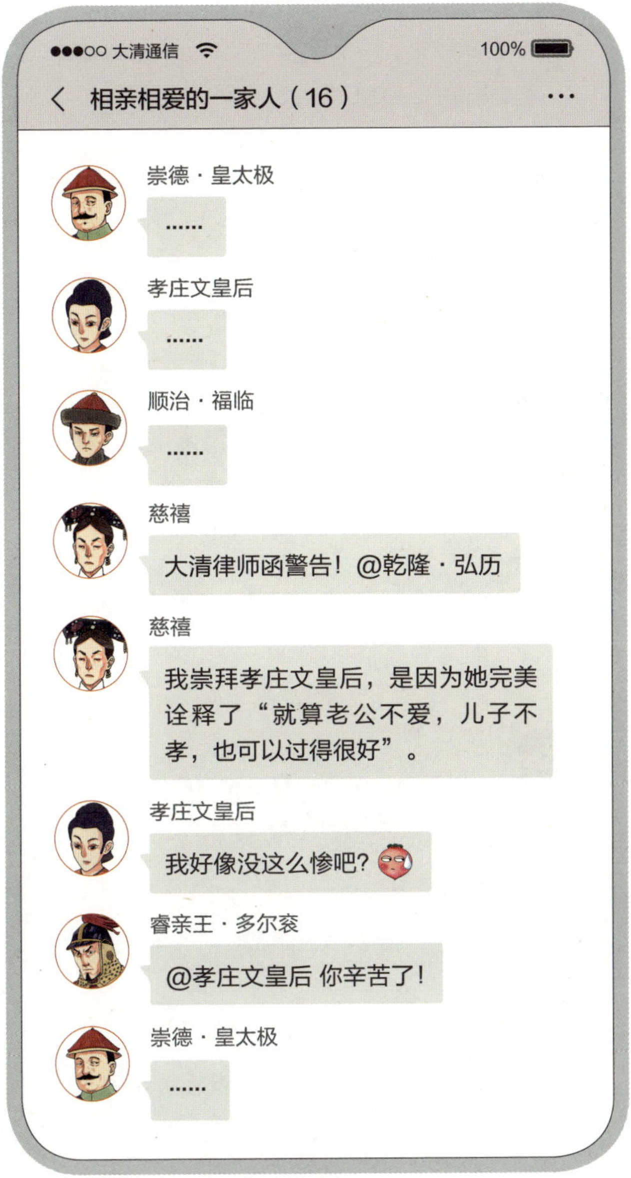
●●●○○ 大清通信
100%
相亲相爱的一家人（16）
崇德·皇太极
……
孝庄文皇后
……
顺治·福临
……
慈禧
大清律师函警告！@乾隆·弘历
慈禧
我崇拜孝庄文皇后，是因为她完美诠释了“就算老公不爱，儿子不孝，也可以过得很好”。
孝庄文皇后
我好像没这么惨吧？
睿亲王·多尔衮
@孝庄文皇后 你辛苦了！
崇德·皇太极
……

●●●○○ 大清通信 100%

相亲相爱的一家人（16）

顺治·福临

……

慈禧

我还没说完。

慈禧

很多人遇见一点事就觉得天塌地陷，而孝庄文皇后没有怨天尤人。

慈禧

她也许也怨过、哭过，但她依旧能坚强地培养康熙爷，真的很值得学习。

雍正·胤禛

看看同治帝、光绪帝、宣统帝，这就是你学习的成果？

慈禧

……

宣统·溥仪

雍正帝，这就不要带上我了，除了她选我继位，别的我可没经她手。

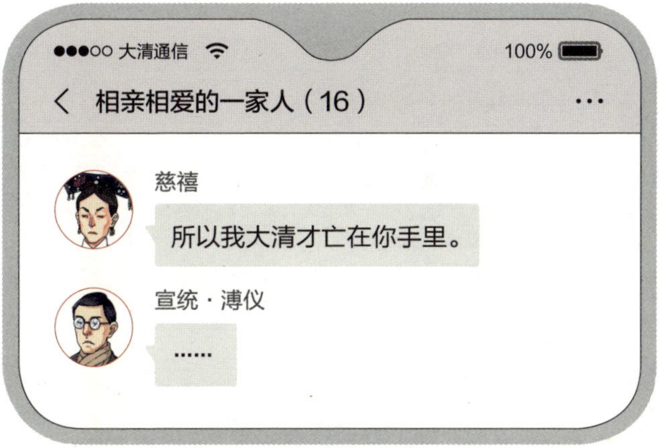

敲黑板

溥仪继承皇统是慈禧太后指定的，但溥仪登基时慈禧太后已死。光绪三十二年（1906年），溥仪出生于北京醇亲王府。光绪三十四年（1908年），光绪帝载湉病重，溥仪被慈禧太后接进宫，并在光绪帝和慈禧太后崩逝后举行了登基大典。

溥仪登基时才三岁，是清朝十二位皇帝中登基年龄最小的一个。年幼的溥仪自然无法掌控局面，便由自己的生父载沣与光绪帝的皇后隆裕摄政。

●●●○○ 大清通信 100%

< 相亲相爱的一家人（16） ···

光绪 · 载湉

慈禧倒是培养了我，但我根本没有施展拳脚的余地。

慈禧

还无施展拳脚之地，你咋不去唱戏呢？你的舞台你自己主宰，够你蹦跶的。

光绪 · 载湉

我可没你那么爱听戏。

慈禧

你就知足吧，大清的皇位原本轮不到你，是我让你坐上了那个位置，享受无上的尊荣，那是你的福气。

雍正 · 胤禛

这样的福气给你你要不要？@慈禧

慈禧

我正享受着呢！

雍正 · 胤禛

我就纳了闷了……

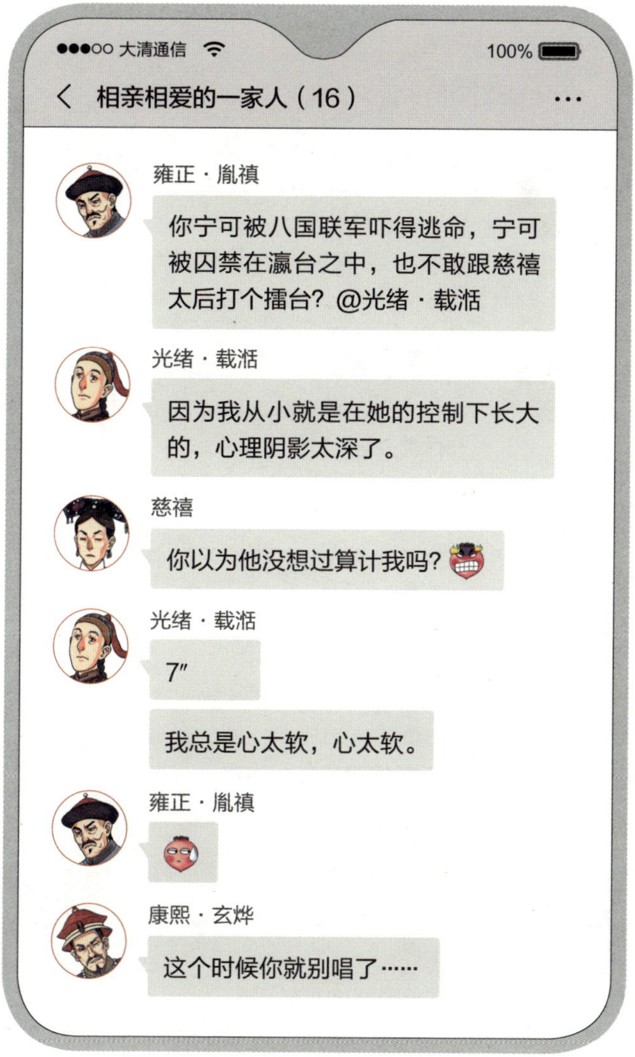
●●●○○ 大清通信
100%
相亲相爱的一家人（16）
雍正 · 胤禛
你宁可被八国联军吓得逃命，宁可被囚禁在瀛台之中，也不敢跟慈禧太后打个擂台？@光绪 · 载湉
光绪 · 载湉
因为我从小就是在她的控制下长大的，心理阴影太深了。
慈禧
你以为他没想过算计我吗？
光绪 · 载湉
7″
我总是心太软，心太软。
雍正 · 胤禛
康熙 · 玄烨
这个时候你就别唱了……

●●●○○ 大清通信　　100%

相亲相爱的一家人（16）

光绪・载湉

我毕竟是她养大的，虽然她没给我权力，但我对她多少还是有点感情的。

光绪・载湉

不然的话，真要解决掉她，我能有一百种办法。

乾隆・弘历

这个我感兴趣。我倒想听听你有哪一百种？

光绪・载湉

9″

来，左手跟我酒里下毒，或者右手一个锁喉，在她胸口比画一个大石球，送她上天走一走。

慈禧

●●●○○ 大清通信
100%
相亲相爱的一家人（16）
慈禧
你也不好好想想，即使你能得手，凭你身边那几个人，斗得过我的心腹吗？
光绪 · 载湉
所以我没有下手啊。
慈禧
要说有感情，也是我对你有感情，才会一直留着你。
宣统 · 溥仪
那你为何在你死的前一天毒杀光绪帝？
慈禧

敲黑板

光绪帝是在慈禧太后死去的前一天驾崩的，他的死因引发了长期的争论。2008年，针对光绪帝头发的法医鉴定结果证实，光绪帝死于砒霜中毒。

尽管死因被证实是中毒，但光绪之死的凶手还是一个谜，在慈禧太后、李连英、袁世凯、隆裕皇后等“嫌疑人”中，慈禧太后的可能性较大。

●●●○○ 大清通信
100%
相亲相爱的一家人（16）
慈禧
没错，论能力和手段我就是武则天2.0。
雍正 · 胤禛
我看你是三天不打，上房揭瓦！
雍正 · 胤禛
弘历！
乾隆 · 弘历
收到，爸爸！
慈禧
……
乾隆 · 弘历
0:18
咸丰 · 奕詝
7"
住手！你们住手！不要再打了，求求你们不要再打了！

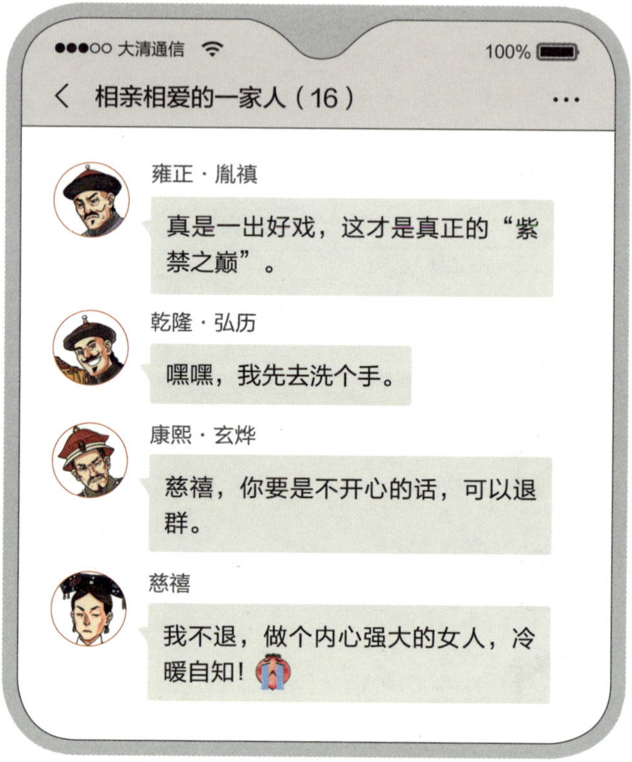
●●●○○ 大清通信
100%
相亲相爱的一家人（16）
雍正 · 胤禛
真是一出好戏，这才是真正的“紫禁之巅”。
乾隆 · 弘历
嘿嘿，我先去洗个手。
康熙 · 玄烨
慈禧，你要是不开心的话，可以退群。
慈禧
我不退，做个内心强大的女人，冷暖自知！

附：清朝趣味知识测试

全国统一卷

1 以下哪位建立了清朝?

A.努尔哈赤　B.皇太极　C.福临　D.玄烨

2 下列不属于“三藩”的是?

A.吴三桂　B.尚可喜　C.耿仲明　D.郑克塽

3 清朝皇帝中谁以勤政著称?

A.顺治帝　B.雍正帝　C.乾隆帝　D.道光帝

4 清朝在位时间最长的皇帝是?

A.崇德帝　B.康熙帝　C.乾隆帝　D.咸丰帝

5 乾隆帝为何自称“十全老人”?

A.他小名叫十全　B.他微服私访时曾化名十全

C.他认为自己有“十全武功”　D.他认为自己十全十美

6 下列哪位皇帝不是通过秘密立储制度确立的?

A.雍正帝　B.乾隆帝　C.嘉庆帝　D.道光帝

7 谁是同治帝的生母?

A.孝庄文皇后　B.慈禧太后

C.慈安太后　D.隆裕太后

8 乾隆帝的爱好不包括下列哪项?

A.狩猎　B.写诗　C.收藏　D.数学

9 英法联军焚劫圆明园发生于哪个皇帝统治时期?

A.同治帝　B.咸丰帝　C.光绪帝　D.宣统帝

10 在中国近代史上，列强多次发动侵华战争，其中导致中国开始沦为半殖民地半封建社会的是?

A.鸦片战争　B.中日甲午战争

C.八国联军侵华战争　D.第二次鸦片战争

11 以下哪国不在八国联军之列?

A.美国　B.法国　C.意大利　D.荷兰

12 围绕康乾盛世，下列说法中不正确的是?

A.康乾盛世经历了康熙和乾隆两朝

B.康乾盛世是清朝发展最为鼎盛的时期

C.康乾盛世的背后隐藏着巨大的危机

D.到了乾隆统治的末期，清王朝已经开始走下坡路

13 以下年号按时间先后顺序排列，不正确的是

A.崇德、顺治、康熙

B.康熙、雍正、乾隆

C.乾隆、嘉庆、道光

D.道光、光绪、咸丰

14 洋务运动的代表人物不包括以下哪一位？

A.奕䜣　　B.张之洞　　C.李鸿章　　D.康有为

15 圆明园最早建于哪个皇帝统治时期？

A.顺治帝　　B.康熙帝　　C.雍正帝　　D.乾隆帝

16 哪座城市是太平天国的政治中心？

A.盛京　　B.天津　　C.南京　　D.北京

17 “三国干涉还辽”中三国不包括以下哪个国家？

A.沙皇俄国　　B.德国　　C.法国　　D.日本

18 以下妃嫔中，级别最低的是？

A.贵妃　　B.皇贵妃　　C.常在　　D.贵人

19 下列说法正确的是？

A.和珅姓和，名珅，是乾隆时期的权臣

B.“孝庄”一词是孝庄文皇后生前就有的尊号

C.左宗棠是清初政治家、军事家

D.慈禧太后又被称为“西太后”

20 以下哪位皇帝没有过做“傀儡皇帝”的经历？

A.同治帝　　B.道光帝　　C.光绪帝　　D.宣统帝

正确答案及评分

1~10：BDBBCABDBA
11~20：DADDBCDCDB

计分规则：每题5分，满分100分。

90—100分

获得称号：天选之人

触发任务：

成为四阿哥胤禛的幕僚，
助他成功夺嫡，从此走上人生巅峰。

75—85分

获得称号：过目不忘

触发任务：

帮乾隆帝写诗一百首！

60—70分

获得称号：心猿意马

触发任务：

孝庄文皇后友情赞助，
科尔沁大草原免费三日游。

0—55分

获得称号：过目即忘

触发状态：

康熙帝的怒斥。

致谢

胥渡吧“古代帝王群聊”系列能够出圈，被无数观众喜爱，离不开每一位小伙伴的献声与出力。值此新书出版之际，我代表胥渡吧团队感谢大家的付出与支持。

配音组：

石泰铭	胥　渡	张子牙	许　鹏	仙　仙
小　蝶	魏奇玉	胡东方	不　懂	刘天赐
大　熊	王　度	益　达	薛屹楠	康振文
菲　儿	明烛天	五月龙	刘小芸	王志鹏
张三丰	孟　宪	小俏妞	小　林	大　亮
颖　东	明　儿	周　强	覃　勤	恩戴米恩

编制组：

胥　渡	仙　仙	孟天骄	韩子晨	刘天赐

图书在版编目（CIP）数据

历史太好玩了！：古代帝王群聊. 清朝篇 / 胥渡著
. —哈尔滨：哈尔滨出版社，2021.11
ISBN 978-7-5484-6318-4

Ⅰ. ①历… Ⅱ. ①胥… Ⅲ. ①中国历史—清代—通俗读物②帝王—生平事迹—中国—清代 Ⅳ. ①K209 ②K827=2

中国版本图书馆CIP数据核字（2021）第213949号

书　　名： **历史太好玩了！——古代帝王群聊. 清朝篇**
LISHI TAI HAOWAN LE!——GUDAI DIWANG QUNLIAO. QINGCHAO PIAN

作　　者： 胥　渡　著
责任编辑： 尉晓敏　李维娜
责任审校： 李　战
封面设计： 主语设计

出版发行： 哈尔滨出版社（Harbin Publishing House）
社　　址： 哈尔滨市香坊区泰山路82-9号　**邮编：** 150090
经　　销： 全国新华书店
印　　刷： 嘉业印刷（天津）有限公司
网　　址： www.hrbcbs.com
E-mail： hrbcbs@yeah.net
编辑版权热线：（0451）87900271　87900272
销售热线：（0451）87900202　87900203

开　　本： 880mm × 1230mm　1/32　**印张：** 8　**字数：** 150千字
版　　次： 2021年11月第1版
印　　次： 2023年3月第4次印刷
书　　号： ISBN 978-7-5484-6318-4
定　　价： 55.00元
